지역을 살리는
협동조합 만들기
7단계

MacLeod, Greg. 2010.
How to Start A Community Enterprise:
A Personal Approach

Tompkins Institute, Cape Breton University,
Sydney, Nova Scotia.

지역을 살리는 협동조합 만들기 7단계

그레그 맥레오드 지음
이인우 옮김

모심과살림연구소 기획

한살림

주요 용어의 번역

1. community → 지역사회 공동체
2. community enterprise → 지역사회 공동체 기업
3. community-based business → 지역사회 공동체 기반 사업(체)
4. group → 모임, 집단, 단체
5. development → 개발, 발전, 발전전략
6. business → 사업, 사업체, 사업영역, 업계
7. organization → 조직, 조직체, 조직화
8. commercial → 상업적, 영리, 상업성
9. technocratic system → 기술전문가 체계
10. capital → 자본금, 자금
11. equity → 지분, 자본
12. revenue → 수익(영업 및 영업외 총괄)
13. income → 이익, 소득(수익-비용)
14. profit → 이윤(영업부문 매출총이익)
15. local → 지방의, 현지
16. private → 사유
17. project → 사업계획
18. place-based development → 지역기반 개발전략
19. resource-based economy → 자원기반경제
20. organizer → 조직 활동가

차례

한국의 독자들에게	6
저자 초판 서문	8
1단계 : 3~4명의 소규모 모임부터 시작한다	13
2단계 : 목표와 가치에 합의한다	27
3단계 : 기존 사업체를 통해 성공과 실패 요인을 찾는다	33
4단계 : 무엇을 할 것인지 선택한다	45
5단계 : 필요한 자원을 발굴한다	53
6단계 : 사업체의 법인 형태를 선택한다	65
7단계 : 사업을 시작한다	83
인프라 점검 : 5가지 기반과 구성 요소	97
글로벌 트렌드 : 세계의 추세와 바람직한 발전 이론	105
부록 : 협동조합의 원칙들	116
추천 도서	118
옮긴이의 말	120

한국의 독자들에게

지정학적으로나 역사적으로 볼 때, 한반도는 주목할 만한 기로에 서 있다. 특히, 남쪽의 대한민국은 20세기에 두 개의 거대 세력인 공산주의와 자본주의 사이에 놓여 있었다. 베를린장벽의 붕괴는 공산주의 방식에 무언가 약점이 있었다는 신호였다. 아울러 2008년에 시작된 세계적 경기후퇴는 글로벌 자본주의에도 무언가 약점이 있다는 것을 보여준다.

이 책은 공산주의나 자본주의와 다른 접근방법을 찾아보려고 하는 사람들에게 도움과 용기를 주기 위한 것이다. 서구 유럽에서 기원한 20세기의 두 거대 체계인 공산주의와 자본주의는 모두 인간을 기계적인 법칙에 따르는 존재로 간주했다. 사람들은 생산을 촉진하는 도구가 되었다.

한국은 가족 관계와 우정 관계가 공동체의 근본 가치를 이루는 특별한 문화를 가진 나라다. 이 책의 기본 견해는 훌륭한 사업이란 우정이 있는 관계를 통해 시작할 수 있다는 것이다. 20세기 서구의 문화는 사업체를 하나의 기계처럼 생각했다. 그 기계는 자동차 경주처럼 다른 기계와 경쟁해서 그 경주에서 어떤 기계는 이기고 다른 기계는 진다. 그러나 우리는 사업체를 다른 각도에서도 볼 수 있다. 사업체는 친구들의 모임이며, 지역사회 공동체가 필요로 하는 것을 함께 생산하는 것으로 볼 수 있다.

우리의 접근방법에서는 단순한 이윤 창출보다 사람들의 필요가 더 중요하다. 이윤은 확장과 성장을 위한 수단으로서 필요하다. 그러나 그것이 주된 목적은 아니다. 사업을 하는 목적은 사람들에게 좋은 삶을 제공하는 것이어야 한다. 그래서 일자리 만들기가 앞선 목적이고, 이윤 창출은 다음의 목적이 되어야 한다.

나는 사업체를 식물에 비유하는 것을 좋아한다. 식물은 서로에게 자양분을 제공할 수 있다. 벌판에 홀로 서 있는 나무는 위태롭고 강한 바람이 불면 뿌리째 뽑힐 수 있다. 그러나 나무가 많으면 숲을 이루고, 나무들은 각각 서로에게 보호막과 지지기반이 되어 강풍에도 살아남을 수 있다. 나무와 같이 하나의 사업체가 홀로 서 있는 것은 취약하기 이를 데 없다. 그러나 몇 개의 사업체들이 서로 연결되어 있다면 상호 지원 체계를 보유할 수 있고 사업을 할 때 부닥칠 수 있는 웬만한 문제쯤은 해결해 나갈 수 있다. 어느 곳이나 지역사회 공동체에서 사람들 사이의 관계를 강화할 수 있고 사업체들 사이의 관계를 강화할 수 있다면, 그곳은 오랫동안 성장과 번영을 누리게 될 울창한 협동조합 숲을 보유하게 될 것이다.

이 책에 실린 나의 생각에 관심을 가져준 한국의 독자들에게 감사드리며, 한국의 협동조합 운동이 성장을 거듭하여 장차 한국 경제를 이끄는 주력 단체가 되기를 진심으로 기원한다.

2012년 9월 14일
그레그 맥레오드

저자 초판 서문

지역을 살리는 협동조합 만들기 7단계

나는 거의 40년 동안 지역사회 공동체 기반 사업들을 조직하는 데 관여해 왔기 때문에 많은 사람들로부터 '지침서'를 써달라는 요청을 받아 왔다. 그 요청은 사회적이고 경제적인 격차에 대해 깊은 관심을 갖고 있는 학계 쪽으로부터 오는 경우도 있었지만, 그러한 격차를 자신들의 지역사회 공동체에서부터 해결하고자 하는 활동가들로부터도 온다.

갓 입학한 1학년 학생들을 가르치는 데 익숙한 철학교수로서 나는 대상을 단순화하여 살펴보는 방법을 터득해 왔다. 하나의 효과적인 방법은 몇 가지 핵심적인 발상에 도달할 수 있는 여러 경로를 제공하고 각자가 자신에게 맞는 것을 선택할 수 있게 한다. 그러한 방법과 같이 이 지침서는 각자 결론에 도달할 수 있도록 실생활의 사례들을 담아서 7개의 단순화된 단계들로 구분해 놓았다.

나는 이들 7단계를 소개한 뒤에 우리가 일하게 될 환경여건을 점검해 보는 두 가지 내용을 추가하였다. 첫 번째는 사업의 성공적 발전에 선결요건이 되는 지역사회 인프라의 기반 항목들을 점검해 보는 내용이다. 경제적으로 압박을 받고 있는 지역사회 공동체는 스스로 구축해야 할 필요가 있는 인프라 요소들이 결핍되어 있는 경우가 있다. 두 번째 점검 내용은 생태계나 소규모 지역사회 공동체에 미치는 영향을 고려하지 않고 거대도시의 시대로 내몰고 있는 기계적인 경제 모형에 대한 내용이다.

  독자들은 이 지침서가 나의 개인적 경험과 관찰에 따라 집필된 것임을 염두에 두기 바란다. 나는 책상머리에 앉아 있는 활동가들로부터 충격을 받는 경우가 있다. 그들은 스스로 해본 적도 없고, 경험이 있는 사람들로부터 얻을 수 있는 실천적인 조언도 제공하지 못하면서, 계획들을 어떻게 수립해야 하는가에 대해 세부 내용을 편집한 후 책으로 발간한다. "이것이 유일한 방법이오"라고 말하는 사람들을 경계하고, "당신은 어떻게 그것을 알게 되었습니까?"라고 항상 질문해야 한다. 철학자들이 경험론이라고 부르는 것과 많은 사람들이 실천적 경험이라고 부르는 것은 항상 쓸모가 있는 것이다.

2009년 12월
그레그 맥레오드

지역을 살리는 협동조합 만들기 7단계

1.
3~4명의 소규모 모임부터 시작한다
Start a small group of three or four activists

2.
목표와 가치에 합의한다
Agree on your purpose and strategy

3.
기존 사업체를 통해 성공과 실패 요인을 찾는다
Examine existing community businesses and form alliances where possible

무엇을 할 것인지 선택한다
Identify a few business opportunities

필요한 자원을 발굴한다
Find financial and human resources

사업체의 법인 형태를 선택한다
Establish a flexible legal structure that allows growth

사업을 시작한다
Launch your business cautiously, but without great delay

1단계

3~4명의 소규모 모임부터 시작한다

이 지침서는 지역사회 공동체에 경제적 후생과 활력이 부족하다는 사실을 걱정하며 무언가를 하기 위해 준비하고 있는 사람들을 위한 것이다. 지자체나 정부에서 먼저 무언가 해주기를 기다리는 대신 여러분 자신이 지금 당장 할 수 있는 구체적인 것들이 있다. 나는 여러분들이 학자일 수도 있고 노동조합 활동가일 수도 있으며, 협동조합 활동가, 상공회의소 회원, 사회 정의를 위한 교회 단체 회원, 또는 단순히 무언가 변화에 기여하고자 하는 사람일 것이라고 가정한다.

이들 단체 어느 곳이든 무언가를 하는 데 푹 빠져들 정도로 관심을 가진 사람이 적어도 두 명씩은 있을 것이다. 어떤 사회운동이든 한 명 이상이 필요하기 때문에 적어도 두 명은 있을 것이라고 말한 것이다.

많은 젊은이들이 지역사회 공동체 조직을 설립하기 위해 넘치는 열정을 갖고 나를 찾아 온다. 그들은 아이디어와 에너지가 넘쳐 흐른다. 그런데 그것만으로는 충분하지 않다. 보통 나는 그들에게 친구들 중 소수에게만 함께 참여하자고 권하라고 말한다. 그것은 참 까다로운 부분인데, 그들은 종종 그렇게 하지 못한다.

조직을 설립할 때 가장 힘든 단계는 최소한 목표나 태도 면에서 여러분과 생각이 같은 또 다른 한 사람을 발견하는 것이다. 그런 사람을 찾았다면, 여러분은 해결해야 할 문제에 대해 서로 같은 생각을 갖고 있는지 알기 위해 곧바로 엄청나게 많은 대화를 나누어야 할 것이다. 그 문제가 여러분 지역의 실업 문제일 수도 있다. 또한 알맞은 가격대의 주택이 부족하다거나 저소득층에게 식료품 비용이 너무 높은 현실이 문제일 수도 있다. 서로 어떤 문제가 있다는 점에 동의했다면, 이제 그 문제를 함께 해결할 의지가 있는지 없는지 결정해야 한다.

사람 찾기

어떤 사람들은 올바른 정치적 태도를 가진 새로운 인물을 찾으려고 할 것이다. 또 어떤 사람들은 많은 노력을 기울여 좌편향의 사람들을 찾아내려고 하면서 사업 지향적인 인물들을 피할 것이다. 그러나 나는 많은 훌륭한 사람들이 자신이 어떤 범주에 속하는 사람으로 인식되기를 원치 않는다는 것을 알게 되었다. 많은 사람들은 '사회주의자'나 '자본주의자'를 어떻게 정의하는지조차 모르고 있을 수 있다.

그래서 나는 사람 찾기에 도움이 되는 중요한 특성 두 가지를 제안한다. 하나는 도덕 수준이다. 그것은 지역사회 공동체를 개선하는 데 기여할 수 있는 고결한 정신과 개인적 헌신성이다. 둘째는 활동 수준이다. 그 사람이 사업체의 성공적인 발전을 위해 기여할 수 있는 진정한 기능을 보유하고 있는가이다.

어떤 사람은 엄청난 헌신성을 갖고 있지만, 행동보다 언변이 더 뛰어날 수 있다. 이는 결점을 파악하거나 우수한 사람을 뽑는 차원의 문제가 아니다. 어떤 사람들은 노래 부르는 능력을 타고날 수 있다. 어떤 사람들은 음치이기 때문에 노래를 정확하게 따라 부르는 것을 결코 배우지 못할 수 있다.

우리 모두는 서로 다른 방식으로 기여할 수 있는 부분이 있다. **기능에 관계없이 도덕적 헌신성만을 기준으로 지역사회 공동체 사업 모임(community-business team)을 만들려고 하는 것은 흔히 나타나는 실수이다.**

사람 찾기 단계에는 몇 가지 선택안이 있다. 어떤 사람들은 대중적 방법(populist route)을 택할 것이다. 그들은 이 문제가 지역사회 공동체의 문제이기 때문에 지역사회 공동체 전체가 참여해야 한다고 생각할 것이다. 그래서 자원봉사자들을 모집하고 발굴된 문제들을 해결하는 데 도움이 되도록 지역사회 공동체 모임들을 운영해 나가려고 할 것이다. 나는 '풀뿌리'로 불리는 이러한 접근 방법이 큰 성공을 거둔 사례를 보지 못했다.

지역사회 공동체들은 여러 유형의 사람들로 구성된다. 상인도 있고, 전문가도 있고, 실업자도 있고, 생활복지 대상자도 있으며, 학생도 있다. 여기에 그물을 던져서 행동할 준비가 되어 있는 하나의 일관되고 통일된 집단을 영입할 수 있다고 기대하는 것은 매우 어려운 일이다.

↳ 대변형(advocacy) 조직과 사업체(business)의 구분

나는 지역사회 공동체의 대변형 조직과 사업 조직을 명확하게 구분하고자 한다. 대변형 조직에서는 지역사회 공동체의 폭넓은 지지가 필요하다. 사람이 몇 명인가에 따라 권력의 크기가 결정되기 때문이다. 다양성은 많은 영역을 포괄할 수 있도록 해주기 때문에 유용하다. 대변형 조직은 정치 현실을 변화시키는 데 충분할 정도의 권력을 행사해야 한다. 반면에 사업 조직에서는 사업을 창출해내야 한다.

대변형 활동을 위해 요구되는 통일성은 사업 활동을 위해 요구되는 통일성과 성격이 다르다. 대변형 활동 단체는 자신이 아닌 다른 세력 집단의 의사결정 과정에 영향을 미치고자 하지만, 그러한 결정에 대해 책임을 지지 않는다. 사업 활동 단체는 스스로 결정을 내리고 그 결정에 대해 책임을 진다. 사업에서 책임 영역은 매우 구체적이다. 보통은 돈을 벌거나 돈을 잃는 경우이다. 그런데 단체가 다른 사람들의 돈을 이용할 경우 책임은 더욱 중요해질 수밖에 없다.

╲ 자발적 지도자들

사회의 변화는 조직을 통해서만 일어날 수 있다. 조직을 형성하는 과정에서 근본이 되는 요소는 자발적 지원자들의 역할이다. 바로 그 지원자들 사이에서 나타나는 자발적 지도자는 사회적 또는 경제적 변화를 이끌어 내는 운동에서 없어서는 안 되는 필수 요소이다.

절대 다수의 사람들은 자신들이 해야 하기 때문에 일을 한다. 그들은 살기 위해 소득이 필요하고 소득을 얻기 위해 일을 해야만 한다. 사람들은 주로 돈벌이가 되는 일을 하지만, 좋아서 하기보다 그 일이 자신이 찾을 수 있는 최선의 것이기 때문에 한다. 노동에는 의무의 측면이 있다. 과업들은 피할 수 없는 형태로 외부에서 부여된다. 여가는 우리가 그것을 좋아하기 때문에 선택하는 활동이다.

자원활동(volunteering)은 여가 활동의 일종이다. 우리는 자유롭게 여가 활동을 한다. 우리가 원하기 때문이다. **의무감에서 일하는 자원봉사자는 그것이 비록 죄책감에서 비롯된 것이라 하여도 크게 효과적인 일꾼이 되지 못하는 경우가 일반적이다.** 사회에서 일부 사람들은 스스로 정말로 즐길 수 있는 일자리를 가지는 행운을 얻기도 한다. 그 사람들은 금전적 보상을 받지 못하더라도 그 일을 하려고 할 것이다. 그들에게는 자원봉사와 의무적으로 해야할 일을 구분하는 기준이 뚜렷하지 않다.

여기에서 초점은 소수의 자발적인 지도자들을 별도로 충원하는 과제이다. 우리가 지향하는 것은 사회적 또는 경제적 변화이지만, 자발적인 지도자를 충원할 때 주의해야 할 사항이 있다. 내가 보았던 대부분의 성공적인 사례는 신념뿐만 아니라 우정으로 똘똘 뭉친 헌신적인 자원봉사자들로 구성된 소규모의 핵심적인 단위조직에 의존했던 것들이다. 마치 성경에 나오는 겨자씨의 비유를 생각해볼 수 있다.[1]

우정이란 기본적으로 공유하고 있는 가치와 태도를 전제로 한다. 실업자의 복지에 관심이 없는 사람이라면 일자리 창출을 위해 많은 에너지를 쏟아야 한다고 생각하지 않을 것이다. 또한 빈민가 거주자들에 대해 무감각한 사람이라면 알맞은 가격대의 주택을 건설하는 데 엄청난 열정을 갖지 않을 것이다.

---

[1] 역자 주 : 이 비유는 성경의 다음 내용을 가리킨다. "너희에게 겨자씨 한 알만한 믿음만 있어도 이 산을 향해 '여기서 저기로 옮겨 가거라' 하면 옮겨 갈 것이요, 너희가 못할 일이 없을 것이다(마태복음 17장 20절)." 현실에서는 겨자씨가 겨자 나무로 성장하는가의 시비가 있지만, 아주 작은 크기의 겨자 씨앗이지만 싹을 틔우고 자라면 함께 심었던 다른 식물에 비해 훨씬 큰 키로 자란다는 의미를 강조한 것으로 해석되기도 한다.

여기에서 나의 견해는 특별히 선도적 역할을 하고 있는 조직활동가를 향한 것이며, 반드시 한 사람은 있어야 한다. 사람들은 단순하게 즉흥적으로 자원봉사자로서 세상에 등장하지 않는다. 신문에 실린 안내만으로는 충분하지 않다. 무엇보다도 대부분의 개인들은 어떤 활동에 참여하도록 초청되거나 요청되어야 한다. 어떤 계획을 함께 해 보자고 친구에게 부탁하는 것은 전혀 그릇된 행동이 아니다.

자원봉사 활동계획들은 항상 매우 헌신적이고 적극적인 중심 팀을 필요로 할 것이다. 사회의 변화는 한 명 또는 두 명의 헌신적인 사람들이 많은 노력을 기울여 다른 사람을 찾아내는 활동과 함께 시작되는 것이 보통이다.

지역사회 공동체 사업의 활동계획에서 효과적인 사람 수는 하나의 세포핵(nucleus)처럼 3명 또는 4명이라는 점을 알았다. 그 팀을 충원하여 구성하는 것은 매우 중요하다. 나는 지명 방식으로 팀을 충원해 본 경험이 있다. 주택운동 조직과 노동자 위원회에 파견자를 지명해주도록 요청하는 방식이다. 그렇게 그 집단을 구성했을 때 그 팀의 구성원들은 서로를 진정으로 좋아하지 않는다는 점을 알게 되었다.

팀원들끼리 서로 진정으로 좋아해야 한다고 말할 수는 있다. 그러나 그것은 조직 활동가의 통제권을 벗어난 것이다. 결국 그 활동계획은 성공하지 못했다. 이끌어가는 팀이 효과적으로 협력활동을 할 수 없었기 때문이다. 모임은 정기적으로 열리는 따분한 일처럼 되었다. 구성원들은 모임에 참석하는 것을 좋아하거나 활동을 좋아해서 오는 것이 아니었다. 의무감 때문에 참석했던 것이다.

내가 연구해 본 지역사회 공동체 사업의 사례 가운데 가장 성공적인 2곳은 몬드라곤협동조합 회사법인(Mondragon Cooperative Corporation)과 발렌시아(Valencia)협동조합이다. 이들 사례는 모두 5명의 친구들이 설립했던 조직이 토대가 되었다.

나는 유럽에서 열렸던 한 회의를 기억하고 있다. 아프리카에서 활동하고 있는 기독교 계열 활동가와 공산주의 계열 사회 활동가들이 모인 모임이었다. 동기부여에 관한 토론에서 기독교계와 공산주의계는 서로 다른 두 가지 답변을 내놓았다. 기독교계의 활동가는 하느님의 사랑을 실천하기 위해 아프리카에서 빈민과 함께 일하고 있다고 말했다. 공산주의계의 활동가는 아프리카인들을 위해 아프리카에 있다고 말했다. 이러한 두 가지 태도는 분명히 모순이 아니다. 그러나 한 사람은 외부로부터 받은 의무와 희생 정신을 강조했고, 다른 사람은 내부로부터 솟아난 책임의식에서 자유롭게 선택한 참여임을 강조했다. 물론 내가 말한 그 기독교계 활동가는 왜곡된 신학체계를 가졌다. 진정한 기독교계 활동가였다면 모든 진정한 사회 활동가와 같이 그 활동이 인도적인 것이고 그 자체가 보람있는 일이기 때문에 다른 사람들을 돕는다고 강조했을 것이다.

↳ 친구와 같은 우정이 필수

내가 가장 먼저 하고 싶은 조언은 조직 활동가라면 자신이 좋아하는 누군가를, 가급적 친구를 영입함으로써 시작하라는 것이다. 그런 다음 그 두 사람이 함께 노력하여 소수의 또 다른 사람들을 찾아내야 한다. 아니면 그 친구에게 자신들에게 잘 어울릴 만한 또 다른 사람을 찾아달라고 부탁해야 한다. 이는 약간 배타적인 것처럼 들릴 수 있다. 그러나 꽤 괜찮은 방법일 것이다.

앞에서 지적했던 것처럼 자원봉사자들은 자유로운 선택권을 가진 사람들이다. 이들은 근로의 대가를 받지 않는다. 그래서 서로 화합할 수 없는 사람들과 자발적으로 어울리도록 유도하려는 영웅적인 미덕을 기대하기는 어렵다. 자원봉사 부문에서 정통 방법대로 활동하는 사람들은 대개 고귀하고 상호간에 힘이 되어주는 동반자 관계를 발전시켜 나간다. 그 사람들은 희생을 한다. 하지만 친구를 얻는다.

어떤 지역사회 공동체 사업체에서 일하는 것이 매우 힘들고 좌절을 경험할 수도 있다. 그때 자원봉사 회원들이 다른 회원들의 감정을 자동으로 이해해준다면 정말 도움이 된다. 서로 공유하고 있는 유머 감각도 큰 가치가 있다. 이러한 것들이 우정관계에서 발견되는 자산들이다.

설명이 항상 필요하지는 않다. 그들은 암묵적으로 서로를 느끼는 관계를 유지한다. 사고하는 데 그렇게 많은 시간을 들이는 철학자들조차 우정을 하나의 중요한 미덕으로 생각한다.

모든 지역사회 공동체에는 아주 많은 자원봉사 희망자들이 잠재되어 있다. 그들은 그저 초청받는 것을 필요로 할 뿐이다. 그것은 하키 경기나 농구 경기 팀을 구성하는 방법과 같다. 큰 리그에서는 최고의 선수들을 찾아내는 '스카우트(scout: 인재 발굴 전문가)'를 보유하고 있다. 나는 그러한 초청활동이 단순히 편지 한 통이나 신문 광고 정도로 되는 게 아니라는 점을 다시 한 번 반복한다.

조직 활동가는 잠재적 영입 대상자들이 자신과 같은 가치를 보유하고 있는지 여부를 파악하기 위해 반드시 시간을 투입해야 한다. 영입되는 사람은 조직 활동가가 개인적으로 자신을 만나 사업계획을 토론하기 위해 시간을 투입했다는 사실 그 자체로 확신을 얻을 수 있다. **기술적이거나 이념적인 접근방법보다 개인적인 접근방법이 더 낫다.**

╲ 쉽고 가능한 일부터 시작

또 하나의 중요한 주의사항은 사람들에게 불가능한 일을 하도록 요구하지 말라는 것이다. 성공적인 조직으로 발전시키고 싶다면, 항상 가능한 일을 해 주도록 사람들을 초청해야 한다는 점을 잊지 말아야 한다. 우리가 누군가를 초청해서 기후변화를 해결하거나 실업률을 낮추기 위해 함께 일하자고 말하면, 그 사람의 눈이 게슴츠레해지는 장면을 목격하게 되는 경우가 있을 것이다. 그러나 만약 우리가 신규 주택 몇 동을 건축하거나 오염된 하천을 청소하는 데 도움을 요청한다면, 사람들은 무엇을 해야 할지 쉽게 파악할 수 있을 것이다. 그 사람들은 특정 사업계획의 시작과 끝을 파악하게 될 것이다.

다음 격언을 잊지 말아야 한다. "실천하면서 배워라." 사람들은 단순한 과업을 수행함으로써 세상을 개선하는 데 기여할 수 있을 때 곧 또 다른 일에 착수하게 되고 더 커다란 과업을 수행할 수 있게 된다. 그와 동시에 그 사람들은 더 커다란 이슈를 이해하게 된다. 우주의 문제를 다루기 전에 지방 수준의 조그만 일부터 시작하는 것이 훨씬 좋다.

또 다른 열쇠는 선도적인 조직 활동가 대다수가 선한 마음을 가졌으며 방법을 안다면 기꺼이 이웃을 위해 봉사하고자 할 것이라는 점을 진심으로 믿어야 한다는 것이다. 희망과 낙관적인 입장은 조직의 성공적인 발전에 근본이 된다. 비관주의자와 불평주의자는 함께 일하는 데 기분 좋은 사람들이 아니다.

╲ 사업적 기능들

사업적 접근방법(business approach)을 활용하여 해결할 수 있는 특정 문제에 대해 일하고 싶어 하는 3명 또는 4명의 사람들이 모였다면 매우 훌륭하게 출발한 것이다. 이 시점에서 그 사람들이 그 일을 어떻게 하려고 하는지 알아야 할 필요는 없다. 중요한 것은 그 사람들의 헌신성과 사회 문제에 대한 관심의 정도다. 우리가 학계의 인물들이나 협동조합 또는 노동조합 등의 운동계에서 온 사람들과 교류할 때는 일반화된 용어로 이야기할 수 있다. 그러나 사회에 대하여 도덕적 관심을 가진 사람들은 대부분 뭘 해야 하는지 상당히 불분명한 경우가 많다.

일자리 창출 사업을 추진하는 과정에서 나는 단순한 질문을 던지며 성공한 사업가들에게 접근했다. "당신은 사업계에서 성공하신 분입니다. 그런데 지역사회 공동체에는 실업자가 많습니다. 그 사람들을 위해서 우리가 일자리를 조금이나마 창출할 수 있다고 생각하지 않으십니까?" 전형적인 대답은 다음과 같다. "지역사회 공동체는 저에게 큰 힘을 주었습니다. 무언가를 되돌려 주고 싶습니다. 제가 할 수 있는 일을 하려고 합니다."

나는 학생이었을 때 대부분의 사업가들이 자기 자신을 위해서만 노력할 것이라고 생각했다. 훗날 그들 가운데 일부는 관대하고 일부는 이기적이라는 것을 알았다. 또한 협동조합 운동 진영의 사람들도 마찬가지라는 사실도 깨달았다. 성공적인 지역사회 공동체 사업체를 위해 요청되는 미덕을 완전하게 보유하고 있는 집단은 없었다.

여러분들은 초기의 자발적인 지원자들 팀에서 어떤 종류의 기능들을 추구해야 하는지 궁금해할 수 있다. 일반적인 수준에서 나는 전문가들이 반드시 필요하다고 생각하지는 않는다. 사업 영역에서 성공적인 기술을 보유한 한 명 또는 두 명의 사람을 보유하는 것은 중요하다. **나는 성공한 사업가들이 고도로 전문적이지 않은 경우가 보통이라는 흥미로운 사실을 발견하게 되었다.** 기계 산업

분야에서 성공한 사업가는 주택 사업 분야에서 이사로서 봉사하는 데에도 능력이 있는 경우가 보통이다.

사업 영역에는 성공적인 사업 실력을 갖춘 사람이 보유하고 있는 기초적 기능들이 어느 정도 정해져 있다. 경우에 따라서는 어떤 사업이 되도록 이끄는 요령 또는 직관일 수 있다. 물론 전형적인 조직 팀이라면 다양한 배경의 사람들이 결합된 형태를 갖추고 있을 것이다. 그러나 어떤 사람이 이념적인 이유 때문에 사업 영역의 모든 사람들에 대해 적대적이라면 그 사람은 함께 어울리지 못하게 될 것이다.

가장 단순한 접근방법은 '수정 결정체의 형성 과정'과 같은 방법이다. 수정이 형성되는 과정에서 두 개의 세포는 두 개 이상의 세포 결정체를 만들어내며, 그 과정이 반복된다. 두 사람이 합의에 도달하면, 바로 그 두 사람은 다른 사람들을 다시 발굴하여 결합시킬 수 있는 핵심 인물들로 기능해야 한다. 이는 협동조합의 '개방적인 조합원 제도' 원칙과 모순되지 않는다. 이는 조직화 과정이다. 이 구조가 발족되어 작동하기만 하면, 주식을 매입하거나 이사를 선출하는 사람들과 같이 선택하고 가입하는 새로운 체계가 갖춰질 것이다.

↳ 현실에서 출발하기

열정적인 태도는 위험할 수 있다. 불가능한 것을 추구하도록 하는 경향이 있기 때문이다. 우리의 온건한 접근방법은 사회경제적 변화의 도전 과제를 토론하기 위해 2000년 브라질에서 개최되었던 라틴 아메리카 사회 활동가 단체 모임의 보고서에서 영감을 받은 것이다.

라틴 아메리카에서는 다국적 회사가 저지르고 있는 부끄러운 학대와 불공정 사례가 끔찍한 독재 정부와 함께 목격되어 왔다. 이러한 역사는 잘 알려져 있다. 내가 언급하고 있는 사회 활동가들은 국제 질서를 변화시키고 독재자를 부추겼던 다국적 회사의 지배권을 탈취하고자 열망했던 사람들이었다. 그들은 20~30년 동안 계속해서 싸웠다. 끝내 그들은 진보적인 결과를 만들지 못했고 다국적 회사의 지배권은 더 커졌다는 사실을 받아들여야 했다.

 이러한 깨달음을 통해 그들은 유일한 자산이 희망이라는 결론에 도달했으며, 그것은 무언가를 해야 한다는 것을 의미했다. 지구적 질서가 그만큼 강력하기 때문에 그들은 살고 있는 지역에 집중하기로 결단을 내렸다. 국제적 체제를 공격하는 대신 지방 수준에서 출발하기로 한 것이다. 그들은 가능한 개발 사업들을 조사하였다. 나는 이러한 관점에 동의한다.

 유명한 학계의 인물들은 이제 '지역에 근거를 두는' 개발에 대해 이야기한다. 이것은 다음의 발상과 똑같다. 우리는 현재 우리가 있는 곳에서 시작해야 한다. 물론 이것은 더 보편적인 수준에서 변화를 추구하는 사람과 상반되는 것이 아니다. 단순히 출발점이 다를 뿐이다.

 비록 내가 사회의 총체적 병폐에 대한 어떤 비법이나 해법을 제시하지 못하지만, **지방의 시민사회 구성원들은 시민사회를 경제적으로 재구축하기 위해 취할 수 있는 중요한 수단들을 가지고 있다.** 지역 사회에서 상업 목적의 기업체들이 핵심적인 부분을 차지하고 있는 이상 시민사회 구성원들이 취할 수 있는 가장 피부에 와 닿는 출발은 새로운 방법을 통해 지역의 사업체들을 창출하는 데 참여하는 것이다.

 모든 지역사회 공동체에는 기꺼이 시간을 할애해 지역 사회 개선에 헌신하려는 사람들이 있다. 보통 그런 사람들은 교회 조직, 봉사 클럽, 여러 형태의 자선 조직에서 일하고 있다. 지역 경제에 활력을 불어넣는 데 이와 같은 종류의 에너지와 헌신이 활용될 수 있다.

2단계

목표와 가치에
합의한다

앞에서 결성한 소규모 모임에서 이 지방의 한 지역사회 공동체에 일자리를 만들어 내기로 결정했다고 생각해보자. 지역으로 유입되는 인구를 위한 알맞은 가격대의 주택이나 일자리 문제에 부닥치게 될 수도 있다. 그러나 중요한 것은 이 모임이 하나의 문제를 어떻게 해결해 나가느냐 하는 것이다.

모임들은 공유할 수 있는 조직의 비전(미래상)을 먼저 발전시키지 못하면 제대로 기능하지 못하는 경우가 많다. 이는 구성원들이 서로 말을 해야 한다는 것을 의미한다. 반드시 공식 모임들이 필요한 것은 아니다. 토론은 그때그때 이루어질 수 있다.

공유할 수 있는 비전은 이념의 세부적인 면이나 정치적 강령에 대한 합의를 의미하는 것이 아니다. 지역사회 공동체 기업을 설립하는 맥락에서 공유할 수 있는 비전이란 우리가 지향하는 가치들을 총합하여 정리한 것이다. 이 시점에서 모임의 구성원들은 언어적인 면에 빠지지 않도록 주의해야 한다. 가치에 대한 토론은 수많은 전문용어나 수사학적 미사여구를 만들어내는 경우가 있다. 구체적일수록 좋다. '가치(value)'란 사람들을 특별하게 행동하도록 할 때 자신들이 혼신을 기울여야 한다고 느끼는 이유(idea)들이다. 이러한 관점에 따르면, **일상생활의 행동유형을 관찰하면 사람들의 가치가 무엇인지 알 수 있다. 행동에서 자주 드러나지 않는다면, 그것은 추구하는 가치가 아니다.**

다양한 모임들마다 기본 가치들이 동일할 수 있다. 그러나 그 중요성의 우선순위와 정립 방식은 역사적이고 문화적인 주위 여건에 따라 변할 것이다. 예를 들어, 18세기에 민주주의는 가치에 관한 토론에서 우선시되었다. 그러나 오늘날 그것은 모든 사람이 동의하는 하나의 가치로서 당연시되고 있다. 나는 정치 지도자가 민주주의에 반대한다고 말하는 경우를 본 적이 없다. 민주주의에 대한 신념은 사전에 당연한 것으로 가정될 수 있다.

↘ 공유할 수 있는 비전

사회경제 운동에 참여하는 사람들은 토론 과정을 통해 서로 동일한 사상과 비전을 공유하게 되었다고 확신을 갖는 것이 매우 중요하다. 그것은 구성원들의 사상을 다시 살펴보는 기회가 된다. 의미 있는 사상을 공유하지 않고는 어떤 의미 있는 행동도 함께하지 못할 것이다. 지역사회 공동체를 지향하는 사업에 참여하는 매우 폭넓은 범위의 사람들과 나눈 수많은 토론을 토대로 말하면, 그 사람들을 이끌어가는 것으로 보이는 기본 가치는 다음 5가지 정도다.

첫째, 돈은 수단이다. 돈은 인간의 발전을 위해 쓰여야 하며 그 반대로 쓰이면 안 된다. 지역사회 공동체의 사업은 인간적이고 지역사회 공동체의 발전을 위한 수단이며, 그 자체가 목적이 될 수 없다.

둘째, 개인의 헌신이 기본 요건이다. 이는 신념에 따라 참여한 자원봉사자에게서 나타난다. 금전적 보상에 대한 관심이 아니다.

셋째, 민주주의가 활성화되어야 한다. 이는 투입한 자금의 규모에 관계없이 개인이 각각 동등한 의결권을 보유하고 있다는 점을 가정하는 것이다. 이 가치는 투표 이상의 것을 의미한다. 계속해서 이루어 나가야 하는 과정으로서 경영과 자문 활동에 참여할 수 있도록 방법을 강구하는 것이다.

넷째, 경영 직무는 훈련되어야 하고 능력도 갖추어야 한다. 이는 이사회의 구성과 간부의 발탁에 반영된다.

다섯째, 지방의 지역사회 공동체와 연대 관계를 유지한다. 만약 실업이 있을 때는 일자리 창출 기업체들을 만들어 내도록 인격적 투자를 앞서서 실행하는 것을 말한다.

지역사회 공동체의 사업들을 조직할 때 적용하는 원칙들이 정립된 사례가 많다. 몇 가지 사례는 부록에서 찾아볼 수 있다.

폭넓은 유형의 지역사회 공동체 사업들을 살펴보면, 뚜렷하게 표현되어 있지 않더라도 일련의 기본 가치에 대한 일반적인 동의가 있다. 그러나 이것 아니면 다른 구조가 최선이라고 하는 어떤 뚜렷한 형태의 동의 사항이 있는 것은 아니다. 실제로 대부분의 집단들은 실험적인 태도를 보인다. 그것은 꽤 건전한 방법이다. **최선의 접근방법은 조직 자체를 학습하는 기회라고 간주하는 것이다.** 진화에 대해 개방적일 경우 살아남을 기회도 높아진다.

사람들은 가치에 대해 이야기를 나누는 것에 익숙하지 않다. 그래서 그러한 토론은 약간 간접적으로 진행할 필요가 있다. BCA지주회사[2]라는 협동조합 형태의 자산운용회사를 조직할 때 나는 가치와 관련하여 몇 가지 재미있는 경험을 했다. BCA지주회사는 뉴돈 그룹(New Dawn)의 조그만 위원회로 출발했다.

뉴돈 그룹은 투자자본 부족으로 어려움을 겪는 경우가 종종 있었다. 이 그룹은 노인 주거 시설, 치과 의원, 알맞은 가격대의 주택 등 지역사회 공동체에 확실히 도움이 되는 사업계획들을 세웠다. 그러나 신규 사업계획에 필요한 자본금을 조달할 수 없었다.[3]

결국 투자회사의 발전을 위해 별도의 위원회가 구성되었다. 이 위원회의 구성원들은 교체되었다. 구성원들은 법률과 금융 면에서 복잡한 문제에 부닥칠 수밖에 없었다. 마침내 그 위원회에는 우리 3명만 남았다. 우리는 토론을 중지

---

[2] 역자 주 : BCA 지역사회 공동체 자산은행 지주회사(Banking Community Assets Holdings)는 이 지침서의 저자인 그레그 맥레오드 신부가 케이프브레턴 대학 교수로 재직하면서 1980년대 중반에 설립을 지원한 지역사회 공동체 기반 자산운용 지주회사를 말한다. 이 회사는 당초 모회사인 뉴돈 그룹 내부에서 지역에 신규 투자를 지원하기 위해서는 공동으로 이용할 수 있는 공동이용 자금계정(capital pool)을 개발해야 한다는 필요성이 제기된 이후 5년여의 구상 끝에 1990년 지역 내부에서 자체적으로 연리 5% 조건의 50만 달러 자금을 조성하였고, 연방개발대행공사로부터 50만 달러의 무이자 융자를 받아 100만 달러의 자본을 마련함으로써 모회사로부터 독립하였다. 다시 2년의 준비과정을 거쳐 1992년부터 영업을 개시했다. 지역에 건물을 신축한 후 상가를 조성하고 점포임대사업을 벌여 상업지역을 활성화시켰으며, 밧줄 제조 회사, 배관 및 난방 사업체, 호텔, 라디오 방송국 등 파산 이후 지역 외부에 매각될 운명에 놓였던 지역사회 공동체 기반 사업체들을 인수하여 경영을 정상화하는 활동을 전개했다(그레그 맥레오드의 《협동조합으로 지역개발하라》 (한국협동조합연구소), 228~232쪽 참조).

[3] 역자 주 : 뉴돈 그룹은 이 지침서의 저자인 그레그 맥레오드 신부가 1973년 공동 창립자로 참여했던 비영리 부동산 포트폴리오 기업 집단을 가리킨다. 1970년대 초반에 시작된 지역경제의 침체에 대응하여 지역의 협동조합, 신용조합, 노동과 노인 관련 주민 단체 및 사업체 등 여러 조직이 공동으로 지역경제를 재활성화하는 노력을 기울였다. 당시에는 신용조합의 사업도 대출이 금지되어 있었기 때문에 1973년 이사회를 구성한 후 은행에서 이사들이 연대보증하여 2만 달러를 차입했다. 이를 토대로 폐건물을 매입하여 상가 임대사업과 소득 중하층 주민용 주택, 노인보호시설, 치과 등 편의시설 유치사업을 하였으며, 불어난 자본금으로 지역사회 공동체의 또 다른 필요에 부응하기 위한 부동산 포트폴리오 사업을 벌였다. 1990년에는 폐쇄 결정된 레이더 군사기지를 매입하여 병영의 막사를 주거공간으로 개량한 후 돌봄대상 노인과 돌봄서비스 제공 가족이 마주 거주할 수 있는 노인 가정돌봄사업 공간을 운영하는 등 혁신적인 지역사회 공동체 사업 형태를 선보였다. 설립 이후 현재까지 자립경영을 유지하고 있으며, 2004년부터는 뉴돈 지주회사(New Dawn Holdings)를 설립하여 자금을 모집한 후 뉴돈 자회사들에 공급하는 형식으로 지역사회 공동체 사업을 펼치고 있다(그레그 맥레오드의 《협동조합으로 지역개발하라》(한국협동조합연구소) 207~209쪽; 뉴돈 지주회사 홈페이지 http://www.newdawnholdings.ca 참조).

하고 무언가를 하기로 결정했다. 우리는 각각 신규 회사인 BCA지주회사에 5천 달러를 빌려주는 데 동의했다. 이렇게 해서 우리는 총 1만 5천 달러의 자산을 갖고 BCA지주회사를 설립했다.

돈 문제

우리 자신의 돈을 투자하기로 동의한 것은 우리들 사이에 이루어진 합의의 실제 증거였다. 우리는 지역 사업 발전에 투자하려면 지역사회 공동체에서 자금을 조성하는 것이 이치에 맞다고 동의했다. 돈은 헌신하는 태도의 커다란 시험대일 수 있다.

사람들이 돈에 대해 반응하는 방식은 매우 재미있다. 기금 조성과 관련하여 대단히 흥미로운 것은 투자 요청을 받았을 때 남자와 여자의 반응이 서로 다른 점이다. 나의 견해는 과학적인 것이 아니다. 경험을 토대로 한 것이다.

BCA가 출범한 후 며칠이 지나 유명한 변호사 한 명을 만났다. 나는 그에게 우리가 비영리 회사를 세우고 지역의 사업 개발과 일자리 창출을 위해 기금을 조성하고 있다고 말했다. 그리고 그에게 투자를 요청했다. 그는 "수익이 얼마나 됩니까?"라고 되물었다. 나는 지역사회 공동체를 돕게 될 것이며 4%의 이자가 지급될 것이라고 설명했다. 그는 주식시장에서 더 높은 수익을 얻을 수 있을 것이라고 말하면서 관심을 보이지 않았다. 그것이 한 종류의 반응이었다. 다른 사람들은 우리들이 시장 이율을 지급하고 있기 때문에 자신들이 몇 천 달러 정도 투자할 수 있을 것이라고 말했다.

반대로 여성들로부터의 첫 번째 질문은 다음과 같은 경우가 보통이었다. "그 돈으로 무얼 하실 거예요?" 내가 "우리는 리저브마인즈 지대에 있는 지역사회 공동체 단체가 자신들 지역사회 공동체 재생을 위해 건물을 세울 수 있도록 그 돈을 빌려주려고 한다"고 설명하면, 그들은 종종 이렇게 말했다. "그거 정말로 좋은 사업계획 같네요. 저도 지원 대상자에 포함시켜 주세요."

우리가 받은 지원 대부분은 성직자나 종교 모임 신자들에게 모금한 것으로 나타났다. 그들의 존재 이유가 봉사이고 다른 사람들을 돕는 것이기 때문에 그것은 당연한 일이다. 그러나 우리는 우리 자신을 계속해서 하나의 사업체로 보여주고자 노력했다. 그리고 이웃도 돕고 사업체도 성공적으로 운영하는 것이 함께 가능할 수 있다는 것을 알게 되었다.

합의는 행동에 대한 약속까지 포함해야 한다. 이 모임은 지역사회 공동체를 지원하는 어떤 종류의 사업체를 세우겠다는 행동계획에 대해서도 분명하게 동의해야 한다. 그것을 세부적으로 어떻게 할 것인가에 대해서까지 미리 분명하게 정할 필요는 없다. 사실은 신중한 것이 더 좋다. 나는 물속에 뛰어들기 전에 온도를 알아보기 위해 물에 발끝을 담가보는 수영인의 습관을 좋아한다.

3. 3단계

기존 사업체를 통해
성공과 실패 요인을 찾는다

이제는 주위를 살펴볼 차례다. 여러분은 행동을 시작하기 전에 생각이 비슷한 다른 단체들이 하고 있는 일을 분석해야 한다. 그들이 어떤 영역에서 실패했고 어떤 분야에서 성공했는가? 무엇이 잘 작동하였고 무엇이 그렇지 못했는가?

실패 사례에 대해 반드시 던져야 하는 질문은 그 원인이 내부에 있는가, 아니면 외부에 있는가이다. 내부에 원인이 있다면 그 실패가 운영체계의 결과인지 사람의 문제인지 파악해야 한다. 내부적인 요소는 통제할 수 있고 치유할 수 있기 때문에 중요하다. 그러나 외부적인 요소는 우리의 통제권 밖에 있는 경우가 많다. 실수를 범했다고 인정하려는 단체는 거의 없다. 그러나 그러한 **자기 평가는 살아남기 위해 꼭 필요하다.**

실패 또는 성공 요인을 찾아내는 작업은 어려울 수 있다. 그러나 나에게는 매우 유용한 단순 구별법이 있다. 어떤 사건이 일어날 때 충분조건과 필요조건을 구별해야 한다. 이 구별법은 유용하면서도 단순한 것이다. 예를 들어, 돈은 어떤 사업체의 발전을 위해 필요하다. 그러나 경영자가 기술이 없으면 돈만으로 충분하지 않다. 마찬가지로 능숙한 경영자는 필요하지만 운영 자금이 없으면 능숙함만으로 충분하지 않다.

지역사회 공동체의 사업 사례를 조사할 때 우리는 그 실패와 성공 요인이 서로 다를 수 있다는 점에 유의해야 한다. 결코 하나의 단순한 요인은 아닌 것이다.

뉴돈의 조직에 참여하기 전에 나는 애틀랜틱 캐나다(Atlantic Canada)[4] 지역에 형성되어 있는 많은 협동조합 형태의 사업체들을 지켜보았다. 일부는 성공했고, 일부는 실패했다. 가장 성공적인 한 곳은 영국 협동조합 전통의 계보를 따라 석탄 광부들에 의해 설립된 것이었다.

영국계 캐나다인 협동조합

브리티시캐나디안코오퍼러티브(British Canadian Cooperative; 영국계 캐나다인 협동조합)는 1900년 스코틀랜드의 협동조합 운동과 관계가 있었던 시드니 탄광촌의 석탄 광부들이 설립했다. 이 협동조합의 필요성은 현실적이었다. 광부들은 박봉이었고 계속해서 '회사 매점'에 외상채무를 지게 되었다. 그들의 협동조합은 기막히게 성공적이었다.

1950년대가 될 때까지 브리티시캐나디안코오퍼러티브는 애틀랜틱 캐나다

---

[4] 역자 주 : 캐나다의 동쪽 끝 대서양과 닿아있는 뉴브런즈윅, 노바스코샤, 프린스에드워드아일랜드, 뉴펀들랜드와 래브라도 지역을 가리킨다.

지역에서 경제적으로 가장 인상적인 지역사회 공동체 소유 사업체였다. 1955년 연간 매출액은 3백만 달러를 넘었다. 그 통합된 체계는 공업지대인 케이프 브레턴 지역에 8개 지점, 제빵소 1곳, 치즈 제조소 1곳, 조합원 저축 사업 등으로 이루어져 있었다. 우리 중 많은 사람이 '여러분의 달러에게 센트를 버는 방법을 가르쳐주자(Teach your dollars to have cents)'라는 문구가 새겨진 그 협동조합의 개인저축통장을 보유했다.

그러나 이들 영국계 캐나다인들은 안티고니시 지역의 성 프란시스 자비에르 대학교에서 조직되고 있었던 새로운 협동조합 체계에는 참여하지 않았다. 종교적 차이 때문이었을 것이다. 그리고 새로운 지도력의 결핍 때문에 운명을 다한 것으로 보인다. 비록 충실하고 헌신적이었지만 이사회는 노령화되었고 경직되었다. 그들은 새로운 협동조합 운동에 참여하지 않았으며 변해가는 영리활동의 세계(commercial world)에 적응해 나갈 수 없었다. 이러한 실패의 요인은 외부적인 것이 아니었다. **사상은 옳았지만 조직은 이사회와 경영진을 따라 운명을 다했다.**

ㄴ 유나이티드 매리타임 어업 협동조합

뉴돈 회사가 주목했던 또 다른 사례는 유나이티드매리타임피셔맨즈코오퍼러티브(UMF; United Maritime Fishermen's Cooperative)였다. 모세스 코디 박사[5]의 노력으로 일련의 어업 협동조합들이 1927년 왕실어업위원회(Royal

---

5 역자 주 : 교육사상가이며 카톨릭 사제로, 1921년 톰킨스 박사가 시작했던 안티고니시 운동이 교구의 보수적인 세력의 저항을 받아 주춤하고 있을 때인 1928년 성 프란시스 자비에르 대학교에 신설된 지역사회교육부 부장으로 취임하여 안티고니시 운동을 더욱 힘있게 전개하고 운동의 여섯 가지 기본 원리를 정립했다. 1957년 사망 이후 그의 이름을 딴 '코디국제연수원(Coady International Institute)'이 창설되어 제3세계 사회교육 및 지역사회개발 지도자들을 양성했다.

Commission on Fisheries)를 구성한 이후 연방 정부로부터 보조금을 받아 대서양 지역에서 결성되었다. 마침내 UMF라는 명칭으로 2차 단계 협동조합을 결성했다.[6] 그러나 1980년대 중반에 파산했다.

상당 기간 UMF는 조합원들이 자본 적립금을 쌓기보다 배당금을 분배하려고 하는 편이었기 때문에 고질적인 자본 부족으로 고통을 받았다. 어업 협동조합은 각각 자율적이었고 이사회는 잉여금의 활용 대상을 결정했다. 협동조합 조합원들이 가난했기 때문에 이사회는 잉여금을 배당금 형태로 분배하려는 유혹을 이겨내지 못했다. 그러나 결국 UMF는 거의 융통성 없이 취약하게 내버려진 채 한 번 또는 두 번의 불행한 사태를 넘기지 못했다. 건실한 회사는 약간의 위험감수는 물론 실수까지 처리할 정도의 자본 기반을 보유하는 것이 보통이다. UMF는 그런 면에서 결코 건실하지 못했다.

UMF의 구조는 내부 문제였다. 규모의 경제와 고도의 자질을 갖춘 경영 역량은 어느 정도의 집중화를 통해서만 성취될 수 있다. 브리티시캐나디안코오퍼러티브는 집중된 경영과 자본의 통제를 통해 번영을 누렸다. 그러나 UMF는 경영과 자본이 분산되어 성장할 수 없었다.

뉴돈 회사를 실립한 이후 나는 몬드라곤 모형에 대해 학습했다. 나의 관심을 끌었던 점은 이종(異種)의 사업체로 다각화하면서도 하나의 사업체처럼 운영하는 것이다. 코디 박사와 성 프란시스 자비에르 구상을 토대로 한 우리의 현지 경험에서는 협동조합들이 각각 자신들의 이사회와 전무를 보유하고 있었

---

[6] 역자 주 : 협동조합의 유형은 회원의 성격에 따라서도 구별된다. 회원이 일선의 개별 조합원인 경우, 이 협동조합을 단위 협동조합(unit cooperative) 또는 1차 단계 협동조합(primary cooperative)으로 구분한다. 나아가 회원이 그러한 단위 협동조합들로 구성된 경우, 이 협동조합을 2차 단계 협동조합(secondary cooperative)이라고 한다. 더 나아가 회원이 2차 단계 협동조합들로 구성된 경우, 그 협동조합은 3차 단계 협동조합(tertiary cooperative)으로 구분한다. 보통 2차 단계 협동조합은 지역 단위 연합회, 3차 단계 협동조합은 전국 단위 연합회인 경우가 많다.

다. 신용조합을 제외하면, 애틀랜틱 캐나다 지역의 협동조합들은 거의 성공을 거두지 못했다. 지방의 수많은 실패 경험들을 분석한 끝에 **성장과 이것이 기반이 되는 규모의 경제는 분권화된 사업 체계를 통해서는 달성될 수 없다**는 점을 분명히 깨달았다.

ㄴ 케이프브레턴 노동자 개발 회사법인

지역사회 공동체의 사업에 또 하나의 잠재적 토대가 되는 것은 노동운동이다. 1987년 나는 북미 국제노동조합(International Labourers' Union)[7] 소속 Local 1115 단위 노동조합 지도자들의 방문을 받았다. 그들은 700명 조합원이 심각한 실업 상태를 겪고 있다는 점을 깊게 우려했다. 케이프브레턴 지역에서는 계속되는 높은 실업률 때문에 조합원들이 채무자로 전락하였고 일부는 금융회사에 집과 차를 빼앗기는 경우가 속출했다.

우리는 케이프브레턴 대학교에 있는 전략자원 그룹(resource group)의 도움을 받아 상황을 분석했다. 가장 심각한 문제는 일부 노동자들이 적당한 수준의 주택을 구입할 여력이 없다는 점이었다. 우리는 만약 그 사람들이 제대로만 조직된다면 자신들의 주택을 건축할 수 있을 것이라고 결론을 내렸다. 그래서 우리는 케이프브레턴 노동자 개발 회사법인(CBL Dev. Co.; Cape Breton Labourers' Development Corporation)이라는 명칭으로 비영리 회사를 설립

---

[7] 역자 주 : 국제기구로 혼동할 수 있으나 북미지역 노동자들이 미국과 캐나다를 조직구역으로 하여 결성한 국제적 단위의 노동조합을 가리킨다. 1903년 설립된 미국과 캐나다 노동자들의 노동조합이며 2010년 3월 31일 기준 조합원이 63만 명에 이른다. 캐나다에는 8만 명의 조합원이 가입해 있다. 최고 대표조직(North America) 산하에 9개 지역(region)이 있고, 그 아래 500여 개의 지방(local) 노조가 있다. 지방노조의 경우 번호를 붙여 명칭을 정하는 경우가 많다. 상급 노조 가입 활동을 보면 2006년 미국노동총연맹 산업별 조합회의(AFLCIO)에서 탈퇴하여 체인지 투 윈 연합회(Change to Win Federation)에 가입하였다가 2010년 10월 다시 AFLCIO 소속으로 복귀하였다.

했다. 이곳은 설립 초기에 케이프브레턴 대학교의 톰킨스 연구소[8]로부터 행정적인 지원을 받았다.

노동조합 조합원들은 자신들에게 일자리가 있을 때 그 비영리 회사에 임금 중 일부, 즉 시간당 25센트를 무이자 조건으로 빌려주었다. 여러분은 그 돈이 얼마나 적립되었는지 알면 크게 놀랄 것이다. 700명의 노동자들이 시간당 25센트씩 적립했을 때 연간 총액은 35만 달러가 되었으며, 그것은 무이자였다. 노동자 개인별 주당 10달러였고, 연간 500달러였다. 우리가 연간 500달러를 투자하라고 요청했다면, 일부는 충격을 받을지 모르지만, 시간당 25센트씩 적립하는 것에는 누구도 반대하지 않았다.

케이프브레턴 노동자 개발 회사법인은 자신들이 건축한 신규 주택을 무이자 조건 주택저당모기지대출[9] 형식으로 공급할 때 이 기금을 사용했다. 이는 노동조합 조합원들에게 건축 일자리를 제공했을 뿐만 아니라 대여구입(lease-

---

[8] 역자 주: 안티고니시 운동의 제창자인 제임스 톰킨스 신부를 기념하기 위해 케이프브레턴 대학교 내에 설립한 연구소이며, 이 책의 저자인 그레그 맥레오드 신부가 이 연구소의 소장으로 재직하고 있다.

[9] 역자 주: 주택담보대출과 주택저당모기지대출의 차이점을 살펴보면, 이 사업의 특징을 약간 쉽게 이해할 수 있다. 주택담보대출은 주택의 가치를 평가한 후 대출금액을 그 주택의 가치 이내에서 정하는 경우가 보통이다. 따라서 주택담보대출을 받았을 경우, 그 주택의 가치 중 어느 정도가 대출의 담보로 활용되고 있는지는 대출마다 다르다. 그러나 주택저당모기지대출은 주택을 건축할 때 건축비를 포함한 그 주택의 가치 전부가 이미 채권·채무 계약 상태 안에 놓이게 된다. 따라서 주택저당모기지대출 형식으로 주택을 구입했다면, 그 주택에 대한 채권·채무 계약 전부를 인수한 것이 되고, 그 계약 조건에 따라 당초의 채무자를 대신하여 주택 구입자가 채권자에게 채무를 상환하는 형식을 따르게 된다. 요약하면, 채권·채무의 계약은 대출이 실행되는 초기에 주택의 가치 중 어느 정도가 담보로 쓰였는지 계약마다 다른 경우가 주택담보대출이고, 모든 가치가 당초 채권·채무 계약의 대상이 되는 경우가 주택저당모기지대출인 것이다. 우리나라의 경우, 주택담보대출 형태가 일반적이기 때문에 주택 구입자가 개별적으로 채권·채무 계약을 맺고 자금을 차입한 후 주택을 구입하여 그 주택을 담보로 주택담보대출을 받는 경우가 많다. 이에 비해 서구의 경우 주택건설업자가 금융업자와 사전에 채권·채무 계약을 체결한 후 주택을 건축하고, 자신이 금융업자와 체결했던 채권·채무 계약을 주택 구입자에게 재판매하는 형태가 많기 때문에 주택저당모기지대출 형태로 주택을 구입하는 경우가 일반적이다. 케이프브레턴 노동자개발회사법인의 주택사업은 이러한 주택구입 절차에서 협동조합의 일종인 기금협동조합을 먼저 설립한 후, 이를 통해 주택저당모기지대출의 금리를 무이자 조건으로 운영한 점이 특징이다. 자금조달 금리가 무이자였기 때문에 자금운용 대출금리를 무이자로 할 수 있었고, 조합원들은 이를 통해 부담이 경감된 주택구입가격 혜택을 누릴 수 있게 되었다.

purchase) 방식으로 신규 주택을 제공했다. 평균 납부금은 1,000평방피트인 28평 규모 기준 월 300달러였다.

이처럼 노동조합 기반 회사(unionbased company)는 동업관계의 탁월한 사례이다. 대학교 직원과의 제휴관계를 통해 이윤을 창출하는 것 외에도 케이프브레턴 노동자 개발 회사법인은 국제노동조합 사무소의 무이자 조건 융자, 지방 교회단체의 융자, 지방정부 기구와 연방정부 기구의 동일금액대응(matching) 무이자 조건 융자를 받아 수익을 얻을 수 있다.

이 아이디어는 주택을 건축하기 위해 주택저당모기지 기금을 사용하는 것이었으며, 임차인이나 구입자가 신규 주택에 대한 원금을 상환하면 이 펀드에 다시 채워지고 그 돈은 다시 또 다른 주택을 건축하는 데 사용되었다. 이 노동자들은 시간당 25센트씩 임금에서 자동으로 그 회사에 빌려주었던 돈을 저금으로 여겼으며, 퇴직할 때 돌려 받았다.

여기에서 교훈은 노동운동이 대안 형태의 지역사회 공동체 사업을 추진하는 데 엄청난 자원일 수 있다는 점이다. 그러나 2000년 케이프브레턴 노동자 개발 회사법인은 핵심 지도자가 사망한 후 흔들리기 시작했다. 1987년부터 2000년까지 25채의 주택을 건축했으나 2000년 이후 건축을 중단했다. 하지만 아직까지 주택을 소유하고 있으며, 그 주택에 대한 주택저당모기지대출을 관리한다.

돌이켜보면, 주된 문제는 내부적인 것이었다. 나는 이 단체가 뉴돈 회사 시스템에 가입하여 경영부문 간부진의 자문 혜택을 받으라고 설득했다. 그러나 조합원들은 자치권의 상실을 우려했다. 그들은 자치권에 대해 관심이 매우 높았다.

ㄴ **자치권**

'자치권(autonomy)'은 실패한 지역사회 공동체 사업체들이 주장해 온 가장 공통된 가치 중 하나였다. 소규모 이사회가 소규모 지역사회 공동체 단체에서 선출되는 사례가 아주 많았다. 그들은 빠른 시간 안에 사업 역량의 한계에 부닥쳤고 성장할 수 없었다. 그러나 그들은 자치권 상실을 우려하기 때문에 더 큰 단체와 연합회를 구성하지 않을 것이다. 이러한 태도는 많은 실패 사례의 원인이 되었다.

실패한 지역사회 공동체 사업체들이 언급하는 다른 형태의 공통된 가치는 '전통'이다. 혁신을 제안받았을 때, 일부에서 "우리는 항상 이런 방식대로 해왔다"고 말하며 저항하는 경향이 있다. 다른 방식으로 변하는 것은 장점이 있더라도 배반 행위로 간주되었다.

캐나다에서 성공적이었던 신용조합들은 중요한 교훈을 학습했다. 고아원 같은 개별 사업체들이 생존해 나가는 것은 어렵다. 신용조합들이 개별적으로 사업하면서 파산한 경우가 종종 있다. 그러나 지방행정구역 단위에 중심조직을 설립하는 것을 배우면서 그들은 더 강력해졌다. 소규모 신용조합들은 중심조직이 제공하는 전문지식을 활용할 수 없었다.

'단합의 강점(strength in unity)'을 보여주는 최고의 우수 사례는 몬드라곤 협동조합 회사법인(Mondragon Cooperative Corporation) 사례이다. 창립자인 돈 호세 마리아는 이를 실험이라고 하였다. 몬드라곤은 끊임없이 적응하고 혁신해야 한다는 사상 위에서 작동하고 있다.

ㄴ 프랑스인 운동 투자회

1990년 뉴브런즈윅 지방 카라켓에서 아카디언[10] 협동조합들은 실업과 싸우는 데 더욱 적극적인 역할을 하기로 결정했다. 이 지역 주요 협동조합들은 지역의 유명 지도자들의 주도로 모임과 토론을 연속하여 열었다. 그 결과 다음과 같이 6곳의 동업자들로 이루어진 하나의 벤처금융 회사를 설립하기로 하였다.

> **뉴브런즈윅 신규 벤처금융회사 참여 지역단체**
> 1. 뉴브런즈윅 아카디언 신용조합(Acadian Credit Unions of New Brunswick)
> 2. 뉴브런즈윅 아카디언 협동조합 판매점(Acadian Cooperative Stores of New Brunswick)
> 3. 아카디언 신용조합 보험회사(Acadian Credit Union Insurance Company)
> 4. 코오프 애틀랜틱(Co-op Atlantic)
> 5. 연방정부(Federal Government)
> 6. 지방정부(Provincial Government)

이 새로운 조직은 1990년 SIMA(La Societ d'Investissement du Mouvement Acadien; 프랑스인 운동 투자회)로 법인화하였다. 지방정부는 7년 무이자 조건으로 100만 달러를 융자해주었다. 여러 협동조합과 신용조합이 160만 달러를 제공하여 1992년 말 260만 달러의 자산을 마련할 수 있었다.

SIMA의 목표는 지방의 사업 개발과 일자리 창출을 위해 자금을 지원하는 것이었다. 자금 이용자들 중에는 협동조합이 일부 있었고, 개인과 사기업체들도 있었다. 가장 중요했던 것은 그들 모두가 지방에서 소유권과 통제권을 갖는 것과 동시에 그 지방의 구역 내에서 일자리와 이윤을 창출하는 것이었다.

---

[10] 17세기 아카디아 지역에 정착했던 프랑스 식민주의자들의 후손을 일컫는 말이며, 불어권 지역이다.

SIMA는 지방의 경제 문제를 해결하는 데 선도적 역할을 수행하는 그 지역 협동조합 지도자들의 의도가 분명하게 표현된 조직이었다.

1992년 12월 SIMA는 주로 주식매입의 형태로 5개 회사에 35만 7천 달러를 투자했다. 자금 이용자들은 인쇄 사업체, 메이플슈가 협동조합, 상조 협동조합, 자연식품 협동조합, 블루베리 포장공장이었다. 자본을 공급하는 활동 이외에도 이용업체에 대한 자문 활동과 기술지원 활동을 했다. 이용업체들은 SIMA측 파견자가 자신들 업체 이사회의 일원이 될 수 있도록 허용해야 했다.

몇 년 후 헌신적인 협동조합 지도자들의 노력이 좌절된 이후 이 사업은 파산했다. 어떤 투자 자본 회사든지 그처럼 빈약한 경제에서는 어려움을 겪었겠지만 SIMA는 기본적으로 내부에 허점이 있었던 것으로 보인다. 경영진이 상업대출 경험과 기법을 습득하고 있지 못했던 것이다.

상업 대출은 애틀랜틱 캐나디안 신용조합에서 전형적으로 시행하고 있던 개인 대출과 완전히 달랐다. SIMA의 구조와 금융자원은 월등했으나, 이사회와 경영진은 상업적 투자 활동에 요구되는 전문화된 종류의 사고방식과 분석능력을 보유하지 못했다. **리스크 분석 능력이 중요하며, 그 능력을 개발하는 데는 수년이 걸린다.**

↳ 몬드라곤

몬드라곤 복합체(Mondragon complex)는 많은 상호관계를 가지고 있는 계층 체계로 이루어져 있다. 최상위 회사법인 기구인 단체총회 산하에는 3개 사업부문, 즉 금융, 유통, 제조 부문이 있다. 몬드라곤 대학교는 최상위 기구에 소속되어 있다. 최상위 기구는 이사회 구성원의 3분의 1을 소속 기업체에서 임명

한다. 여기에는 100여 개의 제조 부문 협동조합들이 포함되어 있다.

원칙적으로 이들 각각은 자율적이다. 그러나 이들 기업체의 대부분은 연구센터와 금융기구가 작동하고 있는 상호지원체계 바깥에서 운영될 경우 살아남기 어려울 것이다.

연간 매출액이 150억 달러를 넘는데다 15개 이상의 국가에 자회사를 두고 있어, 어느 누구도 몬드라곤이 상업적으로 성공했다는 사실에 이의를 제기하지는 못할 것이다. 이러한 근로자 소유 협동조합에서 얻을 수 있는 교훈은 다음과 같다.

> **몬드라곤에서 얻을 수 있는 교훈**
> 1. 지역사회 공동체 사업체들이 상업적 강점을 확보하기 위해서는 자치권을 희생할 가치가 있다. 일종의 클러스터에 참여함으로써 지원을 받을 수 있다.
> 2. 지역사회 공동체 사업의 발전을 위해서는 관련된 금융기관으로부터 지원을 확보하는 것이 필수다.
> 3. 간부를 양성하는 것이 필수이다. 도덕적 헌신성만으로는 충분하지 않다. 경영자의 기술적 능력은 근본 요건이다.
> 4. 연구 분야는 성장을 목표로 하는 어떤 사업체에게나 필요하다. 1930년의 사업체는 매우 단순했지만 21세기의 사업체는 훨씬 복잡하다.
> 5. 역량을 갖춘 경영자를 발굴하는 데 힘을 기울여야 한다.

몬드라곤에서 얻을 수 있는 또 다른 교훈은 최고급 기술이 비록 덜 노동집약적인 것이라 하더라도 장기적으로는 더 많은 일자리를 창출한다는 점이다. 몬드라곤은 그 증거이다. 낙후된 기술은 생산성을 떨어뜨리고 파산으로 인도하는 것이 보통이다. 여러 국가에는 지역사회 공동체 사업의 사례가 많다. 앞에서 살펴본 것은 내가 조금 알고 있는 사례 중 일부이다. 요점은 여러분들이 바로 여러분의 지역사회 공동체를 위해 사업을 출범시키려고 한다면 그에 앞서 여러 사례들을 조사하고 분석하는 데 시간을 내야 한다는 점이다.

필요한 사례들에 대한 정보는 상당히 많고, 많은 부분을 온라인에서 구할 수 있다. 그러나 나는 여러분의 지역 안에 있는 지역사회 공동체 사업체들을 방문하고 그 업체에 참여하고 있는 사람들과 이야기를 나눠보라고 권하고 싶다. 가장 효과적인 학습은 서로 얼굴을 마주보고 있을 때 이루어지는 것이 보통이다. 지방의 지역사회 공동체들을 다시 활성화시키는 데 도움이 되는 능력을 보여주는 사람들과 토론하는 것은 영감을 불러일으킬 뿐만 아니라 유익한 경우가 많다.

4단계

무엇을 할 것인지
선택한다

●

행동이야말로 어떤 집단의 헌신성을 실질적으로 검증해 볼 수 있는 것이다. 어떤 집단의 사람들이 어떤 사업계획을 현실에서 개시하기로 결정하였을 때 다음에서 엄청나게 중요한 차이점들이 드러난다. 조직을 먼저 구성하면서 시작할 것인가, 아니면 사업을 먼저 선택할 것인가?

   사회적으로 헌신적인 사람들 중 많은 경우 아이디어 수준에서 일을 시작하는 경향이 있다. 그 사람들은 협동조합이나 비영리 단체를 결성하고 싶어한다. 한때 나도 자동적으로 조직 이론에 의존해서 일을 시작할 뻔했다. 한 예로, 사회적인 관심이 많은 사람에게 이것은 매우 단순한 것이다. 그러나 몇 년이 지나면서 나는 사업을 먼저 시작하고 적합한 조직 구조에 대한 토론은 뒤로 미루는 것이 더 효과적이라는 점을 깨달았다.

1970년에 나는 케이프브레턴 지역의 경제적 쇠퇴를 심각하게 우려했던 친구들과 토론회를 마련했다. 우리의 배경은 사회 운동과 학계였다. 우리는 토론하고 토론하고 또 토론했다. 우리는 무엇이 틀렸는가에 대해서는 근본적으로 동의했지만 정부와 '기업 단위 복지 수혜자들(corporate welfare bums)'이 문제였다는 것 말고는 어떤 합의에도 도달할 수 없었다. **거의 1년 동안 계속되었던 모임을 하고 난 뒤에 나는 토론에 지쳐서 보다 행동 지향적인 사람들을 찾아나서기로 결심했다.** 나는 이웃에 살았던 선박 수리 회사의 기술자 출신 경영자, 부동산 매각업자, 친한 친구의 동생을 영입했다. 가정주부 한 사람도 함께했다.

주거시설이 문제였기 때문에 나는 그들에게 알맞은 가격대의 주택을 제공하는 데 도움이 되어 달라고 요청했다. 우리는 케이프브레턴 협동조합주택협회(Cape Breton Association for Cooperative Housing)를 결성했다. 우리는 어떤 전제 조건도 없었기 때문에, 그 모임에 내가 1년 전에 조직한 수공예학교(Handcrafts School)를 유치할 수 있도록 건물 한 채를 매입하자고 제안했다. 그것은 매우 구체적이었고 간단한 일이었다.

타인의 자금

방치된 상업용 건물이 나타났을 때 우리는 시장 상황을 분석했고 그 빌딩이 적합하다고 동의했다. 문제는 자금 조성이었다. 우리는 아무 것도 없었다. 나는 이 점에 대해 사업하는 사람들 몇 명에게 이야기했고, 그 사람들은 자신들이 항상 자기 소유의 돈을 사용하는 것은 아니라는 점을 지적해주었다. 그 사람들은 다른 사람들의 돈, 즉 타인의 자금을 사용한다. 우리는 그 빌딩을 매입하는 데 충분한 자금을 차입하기로 결정했다. 신용조합은 이러한 유형의 모험투자에 준비가 되어 있지 않았다. 우리는 은행으로 갔다.

우리는 그 부동산 가치의 75%에 대해 저당대출을 받을 수 있었다. 그러나 나머지 25%의 재원을 찾을 필요가 있었다. 이를 위해 이사회 구성원들은 은행 보증인으로 서명을 해야 했다. 이것은 헌신성의 정도를 보여주는 실질적인 시험이었다. 우리의 계획은 빌딩의 일부를 여러 임차인들에게 세를 주고 소득을 창출하는 것이었다. 그러나 우선 착수금 단계부터 승낙 서명을 해야 했다.

정말 흥미로웠던 것은 우리가 자산을 소유하고 자금을 차입했을 때 진정한 의미의 집단처럼 서로를 느끼기 시작했다는 점이다. 그렇게 해서 결국 우리는 치과 의원 등 다른 사업계획도 추진하게 되었고, 뉴돈 그룹이라는 더 커다란 복합체를 결성하게 되었다. 우리의 접근방법은 문제지향적이었고 현실적이었다. 우리가 그 지역에 치과의사가 절대적으로 부족하다는 것을 파악했을 때, 우리는 빌딩 한 채를 인수하여 그 지방 행정구역에 보건 보조금을 신청했다. 우리는 치과 의원을 세웠고 본토로부터 치과의사를 영입했다.

이러한 경험은 **조직의 리더들이 자신의 돈을 투자하고 위험을 부담할 때 지역사회 공동체 사업체의 성공 기회가 높아진다**는 점을 가르쳐주었다. 우리의 지역 사업계획들은 상당히 적은 규모이고 주로 자원봉사자들에 의해 추진되어 오고 있는 형편이지만 그들은 상당히 잘 해결해 나가고 있다.

국제협동조합 운동의 상징인 몬드라곤은 협동조합으로 출발하지 않았다. 금속조립 회사에서 일했던 5명의 청년들로 시작했다. 지방 성직자가 그들에게 사회정의와 평등사상으로 영감을 불어넣어 주었고 그들 또한 통제권이 없는 단순 피고용인 상태에 불만족해 하고 있었다.

그들은 1950년대 초반 서로 만나서 자신들 소유의 사업체 설립에 대해 이야기를 나누었다. 그들은 여러 사업체들을 고려했다. 그러나 프랑코가 통치하는 스페인에서는 사업체를 시작하기 위한 면허 취득이 어려웠다. 그때 군의 읍내인 비토리아 지방의 사업가 한 명이 은퇴하면서 자신의 난로 제조 회사를 매각하기로 결정했다. 5명의 청년들은 40만 페소(당시 약 3,500달러)를 지급하여 그 회사의 주식을 매입했고 그 회사를 몬드라곤으로 이전하여 등유 난로를 제조했다. 그들은 자신들이 가졌던 돈을 사용했고 나머지를 차입했다.

이는 1955년 10월 20일에 있었던 일이다. 단순한 회사였고 간단한 사업이었다. 훗날 이 5명의 친구들은 각자 이름에서 한 글자씩을 따서 1959년 울고르 협동조합(Ulgor Cooperative)을 결성했다.

이들 다섯 명의 혁신가들에게는 먼저 적당한 수준의 일자리가 문제였고, 다음은 사업 유형(난로 제조업), 그 다음은 조직 구조(자신들의 관계에 잘 어울리는 협동조합 조직)가 문제였다. 그들은 더 많은 사업체들을 설립했고, 울고르 협동조합은 훗날 몬드라곤 협동조합 회사법인으로 성장했다.

사회의 맥락

내게도 자금을 조성하는 일은 항상 문제였다. 몬드라곤에 대해 자세히 연구한 끝에 나는 그들이 상업성 신용조합을 세우면서 실제로 성장하기 시작했다는 점을 발견했다.

1980년대에 나는 지방의 신용조합이 지역사회 공동체 기반 사업체에 자금을 지원할 수 있게 하려고 노력했다. 그 신용조합은 자신들이 사업을 목적으로 하는 곳이 아니기 때문에 우리가 뉴돈 그룹의 계좌를 한 지방은행으로 이전해야 한다고 가르쳐 주었다. 그 신용조합은 절약을 위한 금융과 개인 금융에 헌신하도록 되어 있었다.

조직의 리더로서 나는 뉴돈 그룹에서 위원회를 하나 구성해 우리 자신의 투자 사업체를 구상하도록 하였다. 리더는 철강 공장에서 일했던 명석한 회계사였다. 나는 회계사들이 사업체를 출범시키는 일은 잘하지 못한다는 것을 곧 알게 되었다. 그 사람들은 우선 5년 동안의 일을 정리하는 것을 좋아한다. 그 위원회에는 교사들, 사회 운동가들, 사업가 한 명이 있었다. 다시 우리는 많은 토론을 했지만 결론에 이르지 못했다.

결국, 나는 내가 알고 있던 두 명의 사업가를 영입했다. 그들은 투자 사업체 설립 구상이 이치에 맞다고 생각했다. 두 번째 모임에서 우리는 이 신설 회사에 각각 5천 달러씩을 개인적으로 대부하기로 결정했다. 그런 후에 우리는 주위의 지인들에게도 자금을 투자하도록 요청했다. 마침내 우리는 50만 달러를 조성했다.

우리의 선전활동은 지방의 단체 한 곳이 직면하게 된 위기와 우연히 맞물려 전개되었다. 리저브마인즈 신용조합의 건물이 무너져 내렸다. 그들은 우리에게 자금을 부탁했다. 그러나 우리는 리저브마인즈 읍내에 신규 빌딩을 짓자고 제안했다. 그 결과 그 신용조합은 우리 건물의 입주업체가 되었다. 당시 읍내는 크게 낡았기 때문에 한 채의 신규 빌딩은 커다란 도움이 되었다.

물론 사업의 선택은 맥락이 중요하다. 일자리 창출 사업은 경기가 좋을 경우 필요성이 크게 제기되지 않는다. 호황기에는 거주시설과 근로조건을 개선하고 생활비를 경감하는 것이 더 중요하다. 캐나다 도시 곳곳에 있는 많은 단체들은 여러 형태의 협동조합 주택 사업을 전개했다. 사람들은 주택을 구입할 여력이 없었다. 그래서 단체를 결성했고 토지를 찾아냈으며 주택을 건설했다. 실업률이 높은 지역에서는 일자리를 창출하는 것이 과제이며, 그 사업이 없으면 그 지역사회 공동체가 소멸한다.

사회의 발달 수준 맥락은 지역마다 크게 다르다. **어떤 지역사회 공동체에서 필요로 하고 있는 사회적 기업 형태의 사업체는 다른 곳에서 적합하지 않을 수 있다.** 오늘날 대규모 도시 대부분에서 주된 문제는 많은 근로 인구가 빈곤층으로 남게 된다는 것이다. 캘거리 지역이 좋은 사례이다. 그곳은 캐나다에서 가장 부유한 도시 중 한 곳이지만 패스트푸드 등 일부 부문에서 일하는 노동자들은 집세를 낼 수 없을 정도로 형편이 어려웠다. 겨울에는 수많은 교회들이 그러한 워킹푸어에게 밤 동안 예배당을 이용할 수 있게 했다. 이러한 사회의 맥락에서는 저렴하게 먹을 수 있는 식당과 알맞은 가격대의 주택이 핵심적인 필요라고 할 수 있다.

알맞은 가격대의 주택은 북부 뉴펀들랜드 지방의 소규모 지역사회 공동체에서는 문제가 아니다. 많은 사람들이 선대로부터 집을 물려받았기 때문이다. 오히려 문제는 일자리의 부족이었다. 이러한 사회의 맥락에서는 일자리를 창출하여 사람들이 사회에서 건설적인 역할을 수행하도록 하는 것이 필수적이다. 지역사회 공동체 활동가들은 새로운 기회들을 발굴할 수 있고, 그런 다음 일자리를 창출하는 데 필요한 사업 구조를 조직할 수 있다.

사업들은 지방의 맥락과 관련된 것이어야 한다. 사업은 한 그루의 나무와 같다. 열대지방에서 대왕야자나무 한 그루를 얻어 와서 앨버타 포트 맥머레이 지역에 심으면 그 나무는 죽을 것이다. 그와 마찬가지로 연료 효율이 높은 난로를 생산하는 사업체는 멕시코에서는 성공할 수 없다. 그러나 북부 앨버타 지역에서는 매우 유용할 것이다.

↳ 브레인스토밍

하나의 사업을 선택할 때 창의적 집단자유토론으로 몇 가지 잠재 후보 사업들을 검토해보는 것이 최선의 방법이다. 지역기반 개발 전략 모형에 따르면 그 사업은 지방의 상황에 연계된 것이어야 한다.

어떤 집단이 일정한 필요를 확실히 충족시켜주게 될 사업을 정했을 때, 지지와 열정을 얻는 것은 매우 쉽다. 대부분의 사람들은 자신들이 그 지방의 지역사회 공동체에 의미있고 좋은 어떤 일을 하고 있다는 느낌을 받길 좋아한다. 뉴돈 그룹은 1970년대 케이프브레턴 지역에 치과의사가 절대적으로 부족했기 때문에 치과 사업을 시작했다. 그때까지 우리는 부동산 분야의 경험만 갖고 있었다.

사업 선택에서 가장 중요한 면은 실제로 사업에 성공해 본 사람을 팀원으로 보유하는 것이다. 사회 활동가들은 사업가들과 함께 일하는 것을 좋아하지 않는다. 나는 이 점을 이해한다. 내가 대학교를 졸업했을 때 나는 사업가들이 매우 불편했다. 그 사람들은 돈이 있었지만 너무나 많은 사람들은 돈이 없었기 때문이다. 그러나 성공 잠재력이 있는 사업을 선택하는 것은 하나의 기술이다. 일종의 본능처럼 생각된다. 결과적으로 성공 경험이 있는 사업가가 참여할 수 있도록 하는 것이 매우 중요하다.

성공 경험이 있는 업계의 인물을 발굴하고 초청하여 단체에 참여시킬 때에는 주의와 이념은 내려놓아야 한다. 조직의 리더들은 특정 질문에 대한 답변을 갖고 있어야 한다. 사업 지도자가 그 지방의 실업에 대해 걱정하고 있는가? 그 사람이 알맞은 가격대의 주택이 부족한 것에 대해 관심을 갖고 있는가? 그 사람은 개인의 금전적 수입이 없더라도 지역사회 공동체에 기꺼이 기여하려고 할 것인가?

물론 여러분이 직접 이러한 질문들을 던지지는 않을 것이다. **무례할 뿐만 아니라 취조하는 태도는 효과적이지 않다.** 일반적인 대화에서 태도가 나타나기 때문이다.

여기에서 중요한 내용은 구성원들이 사업 경험이 없거나 현장 지식이 없는 상황에서 사업을 시작하려고 하는 것은 무모하다는 것이다. 이는 스케이트를 타는 방법도 모르는 사람이 아이스하키 팀을 지도하려고 하는 것과 같다.

필요한 자원을 발굴한다

한두 가지의 사업 기회를 발굴했다면, 다음 단계는 이용할 수 있는 자원을 찾기 위해 지역사회 공동체를 조사하는 것이다. 여러분이 찾아낸 것은 스스로를 놀라게 할 것이다. 성공적인 사업들은 유용한 자원을 발견함으로써 가능하다. 물론 세월이 흐르면서 자원에 대한 인식은 계속해서 바뀌어 왔다. 이 시대에는 더욱 복잡하다. 특히 기술과 서비스 면에서 자원이라고 볼 것인가 여부는 더 논의를 해봐야 한다.

노바스코샤와 뉴펀들랜드 연안의 바닷가재처럼 예외도 있지만, 물리적 자원은 21세기가 되면서 그 중요성이 낮아지고 있다. **자연상태의 물질은 사람들의 창의력과 상상력을 통해서만 자원이 된다는 점 역시 명심해야 한다.**

더 근본적인 면에서 중요한 것은 창립 단계에서 이용할 수 있는 인적 자원과 금전적 자원에 대한 질문이다. 자원은 항상 어떤 맥락과 관련된 것들이다. 한 맥락에서 자원인 것이 다른 맥락에서는 자원이 아닐 수 있다. 우리는 물질적 자원뿐 아니라 인적, 문화적, 금전적 자원에 대해서도 말할 수 있다.

오늘날은 분명 형태가 있는 재화를 판매하는 분야보다 무형의 서비스를 판매하는 데서 더 많은 일자리를 창출하고 있다. 각각의 상대적 중요성은 우리가 현재 서 있는 곳에 따라 다르다. 우리는 뉴욕이나 몬트리올, 밴쿠버처럼 대규모 거대도시 지역과 메인이나 케이프브레텐, 북부 마니토바처럼 소도시 지역을 구별해서 봐야 한다. 메인의 소규모 지역사회 공동체는 보스턴의 지역사회 공동체보다 북부 뉴펀들랜드의 지역사회 공동체에서 더 가까운 모델을 발견할 수 있을 것이다. 각 단체는 자신이 속한 지역사회 공동체에 먼저 주목해야 한다. 그리고 유사한 맥락을 통해 몇 개의 모델을 찾아내려고 해야 한다.

취향의 변화

우리 사회에서 자원의 대부분을 우리가 선택할 수 있다는 점이 중요하다. 자원으로서 가치가 있느냐 없느냐는 상당 부분 선택하는 사람의 태도에 달려 있다. 두 세대 전에만 하더라도 바닷가재는 먹을 수 없는 청소동물(동물 사체를 먹는 동물 종류)로 간주되었다. 해덕(Haddock: 대구와 비슷하나 그보다 작은 바닷 고기)이 훨씬 값비싼 것이었다. 그러나 오늘날 사람들의 취향이 뒤바뀌었다. 바닷가재가 해덕보다 훨씬 값비싼 것이 되었다. 노바스코샤 정부는 최근 그동안 우리가 도그피쉬(dogfish: 돔발상어)라고 부르던 것의 이름을 노던샤크(Northern Shark: 북부상어)로 변경했다. 이제 새로운 공식 이름을 가진 도그피쉬는 고급 별미 음식이 되었다.

지난 10년 동안 물고기 수요는 엄청나게 늘어났다. 일부 당국에서는 수요의 급증 현상이 미국에서 나타난 건강식품 운동 때문이라고 본다. 물고기는 붉은 살코기보다 건강에 더 도움이 되는 것으로 널리 알려졌다. 물론 취향에서의 그러한 혁명은 식품이 부족한 지역에까지 적용될 수 없을 것이다. 결코 맥락을 잊어서는 안 된다.

우리의 전통 경제에서 자원으로 인식되어 온 것은 석유, 석탄, 광물 등과 같은 물질이었다. 하지만 오늘날은 더 복잡하다. 미국의 한 회사에는 밤하늘을 밝히고 있는 수십억 개의 별이 가치 있는 자원이 되었다. 국제별등록회사가 설립되어 아직 이름이 붙지 않은 별에 요금을 받고 신청자의 이름을 붙여준다. 이 회사는 새롭게 명명된 별의 우주 내 위치가 표시된 증명서를 제공하고 국제 등록소에 그 이름을 올려준다. 이제 미국의 젊은이들은 여자 친구에게 다이아몬드를 선물하는 대신 별에 이름을 붙이고 있다. 밸런타인데이에 자신의 이름이 붙은 별을 선물 받는 기분은 어떨까?

홍보 전문가들은 어떤 별이 탁월한 세례 효과를 준다고 추천하면서 종교적 가치를 덧붙이기까지 한다. 일부 유럽 국가의 경우 세례 의식이 대중화되어 있어 이 회사는 유럽 연합 지역에 지점 개설을 고려하고 있다. 지어낸 이야기처럼 들리지만 실제로 이런 회사가 활동하고 있고 고객들은 별들을 덥석덥석 낚아채고 있다.

후기 산업사회국가에서 특히 높은 실업률을 기록하고 있는 지역이나 주택가격이 높은 도시 지역에서 지역사회 공동체 사업을 하는 단체들은 물리적 자원을 뛰어넘어야 한다. **성공 여부는 우리가 일반적으로 알고 있는 인적·금전적 자원과 정부의 자원에 얼마나 잘 접근할 수 있는가에 따라 결정될 것이다.**

가끔 문제로 간주되는 사항이 오히려 사업 기회가 될 수도 있다. 압박을 받고 있는 지역사회 공동체들은 비정상적으로 높은 비율의 노령 인구를 보유하고 있는 경우가 종종 있다. 청년들은 성장하고 있는 경제영역을 향한 두뇌 유출 흐름에 합류했다. 그러나 어떤 사회에서는 노인복지 부문이 서비스 분야의 시장이 될 수 있다.

복잡해진 사회에서 노령 인구에 대한 서비스 증가는 청년들에게 새로운 일자리를 제공할 수 있다. 자녀들이 떠나버렸기 때문에 노인들은 더 많은 가처분 소득을 보유하고 있는 경우가 있다. 또한 은퇴 인구는 이사회 구성원으로서 커다란 원천이 될 수 있다. 노인에게 서비스를 제공하는 국제적인 체인점을 막연히 기대하기보다 지방의 지역사회 공동체 사업체들이 이러한 기업들을 운영하는 것이 더 건전할 것이다.

↳ 재능있는 인력 발굴

우리가 주목해 온 사례는 지방인 경우가 많고 자원봉사 지도자들을 보유한 곳이었다. 이들 지역사회 공동체 사업의 투자 성공은 대체로 자질이 있는 사람들을 영입하여 이사와 위원으로 일하도록 한 결과였다. 또한 직원들도 단순히 종업원으로 활동하지 않았다. 상당히 전통적인 법률적 구조를 가진 조직에서조차 직원들은 주인의식을 가졌고 지역사회 공동체에 대한 사명감을 느꼈다.

여기에서 중요한 사항은 지역사회 공동체 수준에서, 특히 경제적 침체에 직면해서 어떻게 일을 진행해야 하는가에 관한 것이다. **문제에 대해 고도로 조직화된 대응 체계가 없을 때에는 개별적이고 개인적인 참여가 중요한 자원이 된다.**

만약 자원봉사자들의 솔선 노력이 없다면 목표를 실현하기 어려울 것이다. 현행 기술전문가 체계가 이것을 허용하지 않기 때문이다. 최근 각국 정부는 사회 주택(Social Housing) 등 일부 영역에서 철수하고 있다. 그만큼 개인적 자원봉사자는 과거 어느 때보다 더 필수적인 요소가 되어가고 있다.

인간의 기여, 그것은 지방 단위의 수많은 이사회와 위원회에서 뚜렷하게 나타나고 있으며 핵심적인 경제 자원이기도 하다. 일부 지역사회 공동체 수준의 사업에서 지방의 전문가 자원봉사자들은 봉사를 통해 그 집단에 소득을 창출해줄 수 있었다. 하지만 이것을 티켓 판매나 빵 바자회 등과 혼동해서는 안 된다. 이는 이사회 구성원들이 그 사업을 위해 법률 서류나 기술 계획서를 작성하는 등 실제로 일을 통해 기여한다는 의미이다. 그 단체에서는 이러한 서비스에 대해 외부의 고객에게 요금을 부과하고 그것을 통해 수익을 창출한다. 이러한 형태의 기여 행위를 '땀방울 자본(sweat equity)'이라고 한다.

대학교, 단과대학, 고등학교는 그러한 땀방울 자본의 훌륭한 원천이다. 이들은 공개적으로 자금을 조달받아 여러 분야에서 엄청나게 많은 기술적 재능을 유치한다. 교사들이 사적이며 영리 목적의 동기에 의해 추진되는 사업에 참여해 그 시설을 사용하기는 어렵지만, 지역사회 공동체 지향 사업 활동에 참여하는 것은 오히려 쉽다. 그들은 잘 훈련받았기 때문에 이사회나 위원회에서 봉사하는 데 매우 잘 어울린다.

우리가 보아 온 여러 사례에서 교육기관은 신규 사업체를 발족시키는 데 엄청나게 가치 있는 서비스를 무료로 제공했다. 일부는 교과과정을 통해 자신들의 학생들이 그 활동에 기여할 수 있도록 하기도 한다. 그러한 활동들은 교사와 학생들이 현실 세계에 기여할 수 있도록 해주는 훌륭한 기회가 된다.

사람은 그 자체로 가장 훌륭한 경제 자원이다. 도시에서 고도의 기술적 숙련을 쌓고 고향에 돌아와서 고급 기술 사업을 시작했던 사람들의 사례가 많다. 예를 들면, 스페인의 피레네 지역에서 발견되는 사례가 있다. 이 지역에서는 전통 마을에서 살고 싶어한 고급 기술 보유자를 중심으로 전자 기업체가 설립되어 있다.

특히 고급 기술 산업의 경우, 장소 자체가 중요한 요소가 되지는 않는 것으로 보인다. 필수적인 것은 고급 기술 보유자이다. 특정 지역에 어떤 기업체가 존재하는 것은 그 지방의 물리적 자원이나 하부구조 때문이 아니라 기술을 보유한 기업인이 그곳에 살고 싶어하기 때문인 경우들이 있다.

여성의 역할이 신규·신흥 회사 형태에서 얼마나 중요해지고 있는가도 또한 놀랄 만하다. 오래된 지역사회 공동체에서 여성의 역할은 가사나 사회, 교회 관련 활동에만 제한되는 경우가 많았다. 그러나 지역사회 공동체 사업 운동에서는 여성들이 이사회와 경영에 참여하는 수준이 두드러지게 높다.

많은 비공식 활동에서 여성들이 고위직의 조직가나 지도자로서 수준 높은 능력을 계발하는 경우가 종종 있다. 이러한 능력이 사업을 위해 계발될 경우 가치있는 자원이 된다. 그래서 여러분 지역에 있는 많은 여성들이, 아직까지도 스스로를 그렇게 생각하고 있지 않을지라도, 매우 효과적인 지도자로 성장해 나갈 잠재력을 가지고 있다는 점을 인식하고 여러분 단체에서 실현을 도와주는 것이 중요하다.

↳ 문화적 가능성

몬드라곤은 물질적 자원보다 오히려 인간적 자원에 더 의존했던 좋은 사례이다. 그곳은 산간 격지에 자리잡았다. 기차도 없고, 공항도 없으며, 인근에 항구도 없다. 그러나 그곳 사람들은 스페인에서 냉장고와 난로를 가장 많이 생산하고 있는 제조업자들이다. 몬드라곤은 분명히 물질적 자원이나 하부구조를 바탕으로 건설된 곳이 아니다.

핵심은 지도자의 높은 수준의 정신과 헌신이다. 그리고 이것은 지방의 역사와 문화에서 비롯된 것이다. 지방 사람들의 기술은 핵심적인 자원이었다. 기술은 그 지역에서 채굴해 왔던 광물보다 더 중요하다.

어디에서나 적용될 수 있는 기술보다도 그 지방의 헌신성에 기반한 것이라는 이유로 일부 평가자들은 몬드라곤의 사례를 가볍게 평가하는 경우가 있다. 그런데 이는 핵심을 놓친 것이다. 대규모 거대도시 지역의 경제활동이 그러한 보편적 기술에 의존하고 있는 것은 사실이다. 그러나 지역기반 개발전략(placebased development)은 다르다. 그것은 지방의 특성 위에서 건립될 때에만 가능한 것이다.

어떤 지역의 독특한 문화와 역사야말로 핵심 자원들이다. 지방의 지역사회 공동체가 자신의 고유한 특성 위에서 만들어질 수 없도록 경제활동 규칙들이 작용한다면, 그 지방의 지역사회 공동체는 세계화된 경제활동 주체들의 전초기지로 전락하는 운명에 놓이게 된다.

영어권 지역의 프랑스인 마을인 샤티캄프 마을에서는 전통 문화의 강점을 부활시켜 매우 역동적인 형태로 경제 회복이 이루어지고 있다. 그 강점은 누구나 공통적으로 보유하고 있는 것이 아니라 다른 사람들과의 차이에서 비롯된 것이다. 최고의 두뇌와 열정을 가진 지도자들은 자신이 그 지역 문화의 부분이고 대도시를 지배하고 있는 영어권 문화보다 자신의 문화를 선호하기 때문에 지역에 머무르기를 희망한다. 유사한 방식으로 문화적 차이는 토착적인 지역사회 공동체에 긍정적인 우위 요소가 될 수 있다.

내가 주장해온 바와 같이, 경제적 자원들은 맥락과 관련된다. 대규모 글로벌 회사법인에서 사용하는 전략을 지역사회 공동체 사업에 이식하려는 실수를 범할 수 있다. 이는 주로 대규모 기술전문가 체계의 토대 위에 조직되어 있는 선진국에서 커다란 문제가 될 수 있다. 개인적으로 친근한 정서가 있고 공동체적이며, 지역마다 고유성을 가지고, 체계화하기 불가능한 자원들에 토대를 둔 지방의 사업들을 선진국에서 허용하고 양성해 나가는 것은 거대한 도전적 과제일 수 있기 때문이다.

사회적인 것으로서 지역사회 공동체의 생존 문제는 주로 자기가 소유한 인간적이고 문화적인 자원들을 활용할 수 있는 능력에 달려 있다. 지역사회 공동체의 생존 문제는 스스로가 진정한 자신이 될 수 있는가 여부에 달린 것이다.

이는 북미 지역에서 지배적인 정책이 되지 않았다. 오히려 미국의 접근방식은 어떤 사람이든지 하나의 언어와 하나의 문화를 공유하는 동질화된 용광로를 만들어 내는 경향을 보였다. 캐나다는 이러한 경향에 어느 정도 저항해왔다.

특히 원주민들의 사례를 보면 토착 문화를 폄하하는 경향이 수많은 토착 지역사회 공동체의 경제적 쇠퇴에 영향을 미친 것을 알 수 있다. 정부 당국은 자기 문화와 정체성의 긍지를 폄하함으로써 경제적 발전을 가능하게 하는 심리적 동력을 부지불식간에 억눌러왔다.

ㄴ 자본유출 방지장치

재정 자원을 분석해보면, 높은 실업률을 보유한 지역사회 공동체들은 높은 수준의 유용 가능한 자본을 보유하고 있으나 외부의 용도로 유출되는 경우를 자주 목격한다.

많은 지역사회 공동체들은 노동조합들도 수억 달러의 연금 계정을 보유하고 있고, 지방의 사람들도 채권이나 투자증권, 다양한 종류의 주식 형태로 퇴직을 대비한 자금을 수억 달러 보유하고 있다. 이처럼 거대한 규모의 자금은 대부분 다른 지역에서 사업 발전을 촉진하는 데 사용되고 있다.

문제는 자본금 부족이 아니다. 자본을 통제하고 감독하는 방법이다. 지방의 일자리 창출에 도움이 되도록 자본유출 방지장치(capital entrapment)를 마련한 가장 훌륭한 사례는 몬드라곤이다. 100여 개가 넘는 그들의 협동조합 은행 지점망은 자신들의 산업부문 발전을 위한 자본금의 원천을 제공하고 있다. 퀘벡에서는 조직화된 노동운동이 노동자들에게 저금을 하도록 하고 세제 혜택도 받을 수 있도록 하며 자신들의 돈이 퀘벡 지방 내에서 사업 발전을 위해 사용되도록 하는 연대기금(solidarity fund)을 설립했다.

미국에는 사우스쇼어뱅크오브시카고(South Shore Bank of Chicago)가 지방에서 자금을 모아 지방 발전을 위해 사용하도록 설계된 지방은행을 운영하고 있는 훌륭한 사례가 있다. 케이프브레턴 레이버러스 유니온 펀드(Cape Breteon Labourers' Union Fund; 케이프브레턴 노동자 연합 기금) 역시 또 하나의 사례이다. 여기에서는 개별 노동자들이 시간당 25센트씩을 빌려주는 형태로 100만 달러가 넘는 공동이용 자본금 계정을 설치했다. 캐나다 시드니에 있는 BCA지주회사는 투자 목적 융자를 통해 지방 사업에 대한 투자가 활성화될 수 있도록 지방 주민들을 설득했다. 뉴브런즈윅(New Brunswick)에 있는 SIMA는 지방의 발전을 위해 수백만 달러의 자금을 조성했다.

어떤 지역사회 공동체에서든 자금에 접근할 수 있는 기회는 있다. 지역사회 공동체 사업체는 자신을 뒷받침해주는 협력 금융기관이 없다면 성공할 수 없다.

정부와의 협력

회사법인은 창업과 초기 몇 년 간의 운영 비용을 충당하기 위해 주식 보유자로부터 투자 자금을 받는 것이 정상적이다. 3년에서 5년까지는 이윤을 기대하지 않는다. 성격상 지역사회 공동체 기반 사업체들은 그와 동일한 형태의 자본에 접근하지 못한다.

그러나 지역사회 공동체 사업 회사법인은 공익에 봉사하기 때문에 정부가 여기에 관여하는 것은 매우 적절하다. 정부로부터 받은 자금은 보조금이라기보다 투자금이다. 주식보유자를 대신하여 공공기관인 정부가 지역사회 공동체 사업에 투자하는 것은 건강한 생각이다. 그러나 이는 지역사회 공동체 단체를 정부의 한 기구로 전락시킬 수 있다. 따라서 지역사회 공동체 단체는 장기적으로 부를 생산하고 자립적으로 유지해 나가려는 노력을 변함없이 추구해야 한다.

외부의 재정을 도입하는 것은 항상 논쟁거리이다. 정부가 그릇된 방식으로 자금을 제공하면 개발의 전체 목표가 좌절될 수 있다. 블록 펀딩(block funding: 예산을 책정할 때 구체적으로 돈의 사용처를 지정하지 않고 집행 단체에 맡기는 방식의 자금 지원 방식) 형태의 자금 지원 방식이 최선이다. 지역사회 공동체 단체에 일정 금액의 자금을 주고 지방의 발전을 위해 가능한 최선의 방식으로 그 자금을 투자하도록 하는 것이다. 정부 공무원들이 아닌 지방의 이사회가 투자할 곳을 결정하면 된다.

추가 자금 지원에 대한 정부의 결정은 전통적으로 은행들이 자금 지원을 결정하는 것과 같은 방법으로 기존의 자금 지원 결과를 토대로 이루어져야 한다. 은행들이 그 일을 할 수 있지만 정부의 자금 지원 제도가 불필요하다는 의미로 해석되어서는 안 된다. 우리가 지원 대상으로 생각하고 있는 취약한 지역사회 공동체에 대해 이미 드러나 있는 위험 요소들 때문에 은행들은 초기에 선행 투자를 하지 않을 것이다.

산업화된 국가 대부분에서 정부는 지방의 고용을 촉진하기 위해 고안된 다양한 정책들을 시행하고 있다. 국가와 행정구역 단위들의 편차가 매우 크기 때문에 지침서 한 권으로 이 문제를 다루기는 어렵다.

일반적으로 그 정책들은 사업을 지원하기 위해 회사법인에 제공되는 지원책과 피고용자들을 돕기 위해 제공되는 지원책으로 구분할 수 있다. 사업 지원은 보통 자본 보조금이나 운영 보조금으로 범주화된다. 피고용자 지원을 위한 정부 정책의 일부는 상당히 창의적이고 유용할 때가 있다.

각 지역에는 여러 정부 기관들이 있고, 그들은 도움이 될 수 있는 다양한 정책 수단을 보유하고 있다. 기관들의 목적에 부응하면서 지역을 위해 사용될 수 있는 정책들을 세심하게 분석하는 것은 지역사회 공동체 사업체 이사회의 임무이다. 최악의 정책들은 1년 단위로 매번 갱신을 요구하는 것들로 이런 경우 시간 낭비를 가져오는 것이 보통이다.

우리가 정부를 생각할 때, 정부의 관료와 정치인들을 분명하게 구분해야 한다. 일부 지역사회 공동체 지도자들은 정치인들의 환심을 사기 위해 힘을 쏟으면 보조금이 뒤따라올 것이라고 생각한다. 그러나 그 정치인이 선거에서 패배했을 때 다른 경쟁 정치인이 그 지역사회 공동체 단체를 적대시할 것이기 때문에 매우 위험하다. **지역사회 공동체 사업 단체들은 영원한 친구도 영원한 적도 정부 내부에 두어서는 안 된다.** 정치적인 색깔에 관심을 두지 않고 먼저 정부 관료와 함께 일하고 그 정부를 믿는 것이 최선이다.

가장 중요한 것은 이 단체가 정부에 완전히 의존해서는 안 된다는 점이다. 지방의 지역사회 공동체에서 자체적으로 자금을 조성할 수 없다면 성공하기 어렵다.

사업체의
법인 형태를 선택한다

다양하고 폭넓은 형태의 지역사회 공동체 사업을 살펴보고 나면 비록 그때까지도 암묵적이기는 하지만 일련의 기본 가치에 대해 일반적으로 합의된 것들이 보인다. 그러나 최선의 조직 구조가 무엇인지에 대해서는 아직도 어떤 뚜렷한 합의가 없는 상태이다.

단체가 하나의 사업을 출범시키고자 결정했다면 법률적 구조를 선택해야 한다. 전통적인 형태의 사업 배경을 가진 사람들은 주식의 다수를 보유한 쪽에서 **기업체를 통제하는 주식회사 형태의 구조를 자동으로 선택할 것이다**. 사회적 활동 배경을 가진 사람들은 보유한 주식 수에 관계없이 모든 사람이 1표씩 의결권을 갖는 협동조합 형태의 구조를 선택할 것이다. 단체의 법률적 구조는 많은 사람들에게 상징적이며, 하나의 전통을 대표하는 일종의 깃발이다. 이때 사람들이 특정 목표보다 특정 구조에 맹목적으로 되는 것은 위험하다. 가장 건전한 태도는 법률적 구조를 목표 그 자체로 간주하기보다 하나의 수단으로 간주하는 것이다.

주식회사 형태의 회사와 협동조합은 조직화의 수단일 뿐이다. 수단이란 어떤 것을 이루기 위해 사용하는 도구를 의미한다. 나는 수단을 통해 어떤 일을 시작하는 것이 아니라, 자신이 해결하고자 하는 현실의 문제와 목표 때문에 일을 시작하는 것이 논리적이라고 본다.

캐나다에서는 신용조합 형태의 협동조합이 매우 성공적으로 발달해 있다. 사회 활동가들은 신용조합을 확대하는 것에 대해 열광적이었다. 그러나 이들은 신용조합들이 해결해야 할 문제가 무엇인가에 대해 분명한 인식을 갖고 있지 못하다. 분명 주변에서 글로벌 은행보다 신용조합을 많이 보고 싶을 것이다. 그러나 직원들이 더 친절하기 때문에 신용조합을 이용해야 한다고 하는 듯한 텔레비전 광고를 볼 때마다 실망하게 된다. 세계의 어떤 회사법인이든 자신이 친절하다고 주장하지 않는 곳은 없다.

목적

사회를 개선하기 위한 많은 운동들이 있다. 협동조합 운동은 곧바로 떠올릴 수 있는 하나의 사례이며, 오랫동안 많은 사람들의 삶을 개선해왔다. 과거의 성취로부터 인상을 받은 열성적 지지자들이 오늘날 협동조합 결성을 위한 조직 활동을 시작하는 경우가 종종 있다.

그러나 그들이 협동조합이 해야 하는 일을 뚜렷하게 이해하지 못하고 있는 경우가 종종 있다. 이는 그 목적이나 일상 활동에 대해 뚜렷한 생각도 해보지 않고 하나의 동아리를 보유하기 위해 동아리를 결성하는 것과 같다. 앞에서 언급한 것처럼 어떤 종류의 조직이든 그것은 어떤 일을 이루기 위한 수단인 것이다.

주택에 대한 분명한 필요가 있을 때 목표가 단순하게 주택을 건축하는 것이라면 괜찮은 사람들을 모임에 영입하는 것은 매우 쉽다. 그러나 공상적 박애주의자들의 조직을 결성하거나 사회 일반을 개선하는 것이 목표라면 사람들을 영입하기가 더 어렵다.

어떤 단체들은 단순한 오락이나 개인적인 발전을 목적으로 둔다. 또 어떤 단체들은 무언가를 대변하는 것에 목적을 두기도 하고, 사업 개발 자체에 목적을 두기도 한다. 대변을 목적으로 하는 단체는 실업자들을 위한 일자리 창출 기업을 개발하는 단체와 매우 다르며, 지역의 많은 주민들이 참여해야만 한다. 높은 참여율이 정치적 영향력을 성취하는 유일한 방법이기 때문이다. 그러나 **사업을 개발하는 것이 목적이라면 많은 수의 사람들은 오히려 장애 또는 방해 요인이 될 수 있다.**

예를 들면, 주택 건축에 너무 많은 사람들이 참여할 경우 비효율과 자금의 손실을 일으킬 수 있다. 이 집단은 주택이 건축되도록 하는 데 관심을 가질까, 아니면 사람들에게 주택 산업을 가르치는 것에 대해 관심을 가질까? 주택 일반에 대하여 가르치는 것과 실제 주택 건축에 대하여 가르치는 것은 서로 다른 수단을 필요로 하는 매우 다른 활동이다.

협동조합을 결성할 것인가 아니면 주식회사를 설립할 것인가를 결정하는 대신 지방의 필요에 부응하는 어떤 사업을 개발할 것인지를 결정하고 시작하는 것이 더 낫다는 점을 나는 깨달았다. 이들 각각에는 매우 다른 심리적 태도가 작용한다. 어떤 조직이든 특정한 구조는 목적에 이르는 수단일 뿐이다. 건전한 생활양식에서 돈은 상품과 서비스를 획득하는 수단이다. 그러나 질서가 흐트러진 삶에서 돈은 그 자체로 목적이 된다. 일부 사람들은 돈을 축적하고 그 자체로 의미가 있다고 생각하며 그것이 어떤 일을 위해 쓰이게 될 수단이라는 점을 잊어버린다. 수단은 문제에 맞추어 조정해야 하는 것이다. 그렇게 해야 유용한 조직의 형태를 결정할 수 있을 것이다.

지역사회 공동체 기업의 경우에는 세 가지 종류의 사업 법인화 방법이 있다. 어떤 단체들은 자신들 지역의 단체법에 따른 하나의 사단법인으로 출발한다. 그러나 한 집단이 사업을 시작할 때, 더 적합한 법률에 따라 법인화하는 것이 매우 중요하다. 그 이유는 단체의 경우, '유한책임'이 적용되지 않기 때문이다.

한 집단이 유한책임 성격을 가진다면, 사적으로 소유하고 있는 시민들의 자산은 소송을 당한다 하더라도 위태롭지 않다. 그러나 어떤 단체 또는 사단법인이 사업을 하다가 소송을 당했다면, 개별 회원들에게 책임이 부과될 수 있고 그들의 자산이 압류될 수 있다. 대부분의 법률 체계에서 사단법인과 단체는 사업을 영위하도록 고안되어 있지 않다. 대부분의 사법제도에서는 회사법이나 협동조합법에 따라 법인화된 사업들에 대해서만 유한책임을 부여한다. 세 가지의 전형적인 법인화 형태는 주식회사(joint stock company), 협동조합 회사(cooperative company), 비영리 회사(notforprofit company, 때로는 보증책임주식회사(company limited by guarantee)로 불리기도 함)이다.

↳ 주식회사

서구 세계에서 대다수 사업들은 회사법에 따른 주식회사 형태로 되어 있다. 이는 그 회사의 주식을 개인들이 소유하고 있다는 의미다. 주식 1주는 1개의 투표권을 갖는다. 예를 들면, 100주를 보유한 개인은 100표의 의결권을 갖고, 50주를 가진 개인은 50표의 의결권을 갖는다. 그리고 보통 개인들은 자신의 주식을 공개시장에서 매각할 수 있는 권리를 보유하고 있다.

뉴펀들랜드의 GNP처럼 주식회사 형태로 조직된 지역사회 공동체 사업 회사법인의 경우, 주주들이 결의하여 외부 이해관계자들에게 주식을 매각하지 못하도록 하는 경우가 보통이다. 지역사회 공동체가 목표인 곳에서는 주주들이 소유하고 있는 주식의 수에 관계없이 1표씩의 의결권만을 가지도록 제한하는 법률적 합의를 체결해 둔다. **사실상 주식회사도 협동조합 형태로 운영할 수 있다.**

협동조합

지역사회 공동체 기업의 더욱 전형적인 형태는 협동조합의 법률적 구조다. 두 가지 전형적인 형식은 소비자협동조합과 생산자협동조합이다. 유명한 로치데일협동조합과 서구 세계의 협동조합들 대부분은 소매, 유통, 금융 사업에 뛰어든 소비자 협동조합들이다.

몬드라곤은 하나의 예외적인 사례로 생산자 또는 노동자 협동조합 체계를 가진다. 소비자 협동조합은 소비자가 통제하고 생산자 협동조합은 생산자 조합원이 통제한다. 협동조합은 잉여 수익(surplus revenue)을 매 회계연도 말에 조합원들에게 분배하는 것이 보통이다. 예를 들면, 몬드라곤에서 그들은 임금이라고 말하지 않고 '예상 수익(anticipated revenue)'과 같은 용어를 선호한다.

대부분의 법률 체계에는 협동조합법이 있으나 세부 조건은 서로 다르다. 일반적으로 협동조합들은 무한책임을 적용받고 조합원들은 자신의 주식을 매각할 수 있다. 그러나 1인 1표 제도가 있다. 어떤 조직체에서와 같이 조합원들은 이사회를 선출하고, 이사회는 최고집행간부로서 활동할 경영자를 선임한다.

최근에는 하나의 특정 서비스에만 집중하기보다 지역사회 공동체 경제개발 일반을 위해 헌신하는 새로운 형태의 협동조합도 있다. 최고의 사례는 퀘벡에 있는 지역개발협동조합(Regional Development Cooperative)이다. 이는 지방의 발전을 목표로 자원을 공동으로 이용하기 위해 다양한 협동조합을 결합한 것이다.

전통적으로 대부분의 협동조합은 단일기능적(unifunctional)인 특성을 가지고 있었다. 그들은 신용조합으로서 금융사업을 수행하였고, 애틀랜틱협동조합(Atlantic Coop)처럼 소비자 상품을 판매하였으며, 수산업협동조합처럼 물고기를 잡아 판매하였다. **새롭게 나타나고 있는 종류의 개발협동조합(development coop)은 다중기능적(multifunctional)이며 종합형(integrated)의 특성을 가지고 있다.** 이 협동조합은 어떤 것이든 지역사회 공동체가 필요로 하는 종류의 경제적 과업을 담당하고자 한다.

협동조합법에 따라 조합원 각각은 1주의 주식을 소유하며, 그럼으로써 회사 자산의 일부 비중을 소유한다. 정상적인 경우, 조합원들은 자산을 매각할 수 있는 권리를 보유하고 있으며, 수익을 조합원들에게 분배한다. 이러한 이유 때문에 협동조합은 대개 소득세의 대상이 된다. 그러나 이런 납세 의무는 협동조합들이 수행하는 지역사회 공동체 서비스의 명분 때문에 종종 이의가 제기되기도 한다.

↳ 비영리 회사

대부분의 서구 국가는 비영리 형태의 법인제도를 보유하고 있다. 어떤 사법 체계에서는 보증책임주식회사라고도 부르며, 다른 곳에서는 제2부 회사(Part Two company)라고도 부른다. 이 구조에서는 주주라기보다는 회원들이 있으며, 회사법의 하위 영역에서 취급되는 경우가 보통이다.

캐나다에서는 뉴돈 회사가 비영리 회사의 좋은 사례이다. 이 형태는 영국의 경우 더 많이 일반화되어 있다. 스코틀랜드의 지역사회 공동체 사업체 대부분은 이러한 방식으로 조직되어 있다. 이 형태의 사업 법인을 통하면 사고팔 수 있는 공개된 주식이 없으며, 규칙은 1인 1표 제도를 따른다. 이 형태의 회사법인은 이윤을 낼 수 있으나 모든 이윤은 지방의 유사 벤처 기업에 재투자되어야 한다.

대개의 경우, 사단법인의 정관에서는 회사의 목적을 지역사회 공동체의 개선에 두고 회원들은 노력 없이 편익을 받아서는 안된다고 명시하고 있다. 회원들은 '공익을 위해서(pro bono publico)' 봉사한다. **사실상 나는 이러한 비영리 형태의 지역사회 공동체 사업 회사법인을 진화된 협동조합으로 보고 있다.** 최상의 의미로 '협동조합'이라는 낱말은 지역사회 공동체와의 연대와 지역사회 공동체의 개선을 위한 헌신의 의미를 함축하고 있다.

사람들은 규약에 명시된 조합원 자격요건을 이행한 후 사단법인의 정관에 동의함으로써 회사법인의 회원이 된다. 이 회사는 유한책임 자격을 부여받는다. 조합원이 각각 그 책임제도에 따라 예를 들면 10달러씩 일정 금액을 제공할 것을 약속하는 것이다. 한 회사법인이 이러한 방식으로 설계되어 있다면, 비록 소득세 용지가 발부되더라도 대개 소득세를 납부하지 않아도 된다.

전형적으로 법인세는 회사들이 배당금을 지급하는 것과 관련된다. 비영리 형태의 회사법인은 배당을 하지 않기 때문에 세금을 납부하지 않는다. 어떤 법률체계에서는 협동조합이 영리 또는 비영리 형태로 조직될 수 있다.

협동조합이나 주식회사처럼 보증책임주식회사는 다른 상업 회사처럼 운영할 수 있다. 이는 또한 뉴돈 회사가 뉴돈 지주회사를 소유하고 있는 것처럼 영리 자회사를 소유할 수 있다. 많은 조직 설계자들은 이런 종류의 회사법인 형태를 선호한다. 이는 커다란 사업 융통성을 제공할 뿐만 아니라 외부 회사의 경영권 인수 시도에 대항할 수 있는 든든한 법률적 보호장치를 제공해주기 때문이다.

여기에는 하나의 중요한 고려 사항이 포함되어 있다. 지역사회 공동체를 위해 일하고자 하는 개인들이 협동조합을 결성하였으나 그들이 사망하고 난 뒤 후계자들이 이윤을 목적으로 사업체를 외부인들에게 매각하는 사례가 있기 때문이다. 협동조합은 규약에 특별히 명시하지 않는 한 다른 협동조합에 의해 매수될 수 있다. 그러나 비영리 형태의 회사법인은 매수될 수 없도록 되어 있어 진정으로 지역에 뿌리를 내릴 수 있다.

이처럼 지역사회 공동체의 개선에 기여하는 사업을 수행하기 위해 회사의 형태 중 어떤 것이든 적용될 수 있고 활용될 수 있다. 몬드라곤 창립자들의 출발 당시 목표는 민주적이고 지역사회 공동체에 기반한 사업을 시작하는 것이었다. 그리고 어느 정도 시간이 흐른 뒤에는 비록 그것이 자신들의 필요를 완벽하게 충족시키지는 못했지만 협동조합 형태의 구조가 가장 적합한 것임을 알게 되었다. 보통의 협동조합 구조에서는 잉여 수익이 그 돈을 배당금으로 인출할 수 있는 권리를 보유한 주주들에게 귀속된다. 그런데 몬드라곤은 잉여의

20퍼센트가 그 사업에 귀속되어야 한다고 정함으로써 그런 전통을 따르지 않았고, 이것은 스스로 자본금을 조성해 나갈 수 있는 매우 효과적인 수단이 되었다.

ㄴ 융통성 있는 법인 형태 선택

지역사회 공동체 사업체가 자신의 목적을 달성하는 데 있어서는 융통성을 최대한 부여해주는 법률 구조를 선택하는 것이 중요하다. 집단에서 자신의 역할을 다중기능적으로 둘 경우 특히 그러하다. 예를 들어 잡화 판매 또는 주택 건축 등 오로지 한 종류의 사업만을 위해 경직된 구조를 유지하는 것은 잘못이다. 주택 사업과 같은 매우 특정적인 어떤 것만을 위해 출발하더라도 훗날 새로운 기회를 추구하려고 할 때 자신들이 택한 법률 구조가 이것을 허용하지 않는다는 점을 발견할 수 있기 때문이다.

지역사회 공동체 사업 회사법인이라는 개념은 미래의 새로운 경제적 필요나 기회를 개발하고 그에 적응할 수 있는 역량까지도 포함한다. 특성상 지역사회 공동체가 스스로 경제적 운명을 개척해 나갈 수 있도록 더 많은 역량을 부여해주기 위해서는 당연히 다중기능적인 사업체 형태가 되어야 한다.

위에서 논의된 여러 생각들을 묶어내는 하나의 매력적인 개념은 1982년 커뮤니티비즈니스스코틀랜드(Community Business Scotland)라고 하는 한 조직에 의해 구상되었다.

"지역사회 공동체 사업은 지방의 지역사회 공동체가 소유하고 통제하며, 궁극적으로는 그 수혜 지역에 있는 사람들을 위해 자조적이고 자립적인 일자리를 창출하고, 사업 활동을 통해 만들어진 이윤을 활용해 더 많은 고용 창출과 서비스를 제공하며 지방의 자선 활동을 지원하는 데 목적을 둔 상거래 조직체를 말한다. 지역사회 공동체 사업은 하나의 다목적 기업체를 보유할 수 있고, 지리적으로 지역사회 공동체 또는 이해관계 측면의 지역사회 공동체를 기반으로 운영될 수 있다."

나는 여기에서 단서를 얻어서 법인체인 지역사회 공동체 사업의 모델이 여러 가지 원칙에 기반을 둘 수 있다는 점을 제시하고자 한다. **맥락이 끊임없이 변하고 있기 때문에 경제활동의 원칙을 재정립하는 활동이 중요하다**는 점을 기억하도록 하자.

19세기에는 민주적 과정에 대한 요구는 혁명적인 것이었다. 더 넓은 사회에서 귀족이 지배하는 모형을 받아들였기 때문이다. 민주적 활동에 대한 요구는 변화를 가리키는 언어의 일부였다.

그러나 오늘날 거의 모든 기관은 민주주의를 애호한다고 주장한다. 미국은 민주주의의 이름으로 이라크를 침공했다. 현대사회 조직 어디나 자신들이 민주주의를 애호하지 않는다고 주장하는 것을 들어본 적이 없다. 민주주의라는 말은 조지 오웰이 소설 《1984》에서 미리 경고했던 대로 거의 의미 없는 것이 되었다.

다음은 지역사회 공동체 회사법인을 특징지을 수 있는 몇 가지 지도 원칙들이다.

> **지역사회 공동체 회사법인의 지도 원칙 예시**
> - **지역사회 공동체의 신탁관리자**(Trustee of the Community): 이 회사법인은 자신을 어떤 특수한 집단의 이익을 추구하기보다 지역사회 공동체 이익을 신탁받아 관리하는 신탁관리자로서 생각해야 한다. 책임의 범위 면에서 이 회사법인은 대학교

나 병원과 유사해야 한다. 이들은 신탁관리자 이사들에 의해 통제되는 것이 일반적이다. 구성원들은 있지만 주주는 없다. 이는 자신이 놓여 있는 지리적인 지역사회 공동체를 위해 봉사하고 발전시켜 나가려는 사명을 뚜렷하게 가져야 한다.

- **지방 우선**(Priority of the Local) : 이 회사법인은 사업체가 있는 곳으로 노동자들을 재배치하기보다 그 사업체를 지역사회 공동체로 옮기고자 한다.
- **참여**(Participation) : 구성원들은 목적을 적극적으로 실천에 옮기는 사람들이다. 그들은 피고용인인 동시에 이사회와 위원회에서 봉사하는 지역사회 공동체의 자원 봉사자들이다. 참여하는 것은 구성원 자격의 기준이다. 이 조직은 결사한 구성원들과 지역사회 공동체 대표들에 의해 민주적으로 통제된다. 주식 증서의 소유권 자체가 이러한 참여를 함축하는 것은 아니다.
- **보편주의**(Universalism) : 이 회사법인은 먼저 지방 수준의 통합된 체계를 형성하고, 나아가 지역 통합체를 이루며, 마침내는 하나의 세계 체계를 이루어 나가기 위하여 유사한 정신을 가진 협동조합 회사법인들과 협력하고 협력단을 구성할 것이다. 보완성의 원칙(principle of subsidiary)이 채택되어 최고 권위와 기능은 하위 수준의 역량으로 미치지 못할 경우에만 위계를 따라 상승이동하도록 되어 있는 권력 형태를 보유한 가운데 하위 수준으로 양도될 것이다.
- **성장 지향**(Growth Oriented) : 이 회사법인은 그 지역에 실업이 존재하는 한 성장을 지향할 것이다.
- **임금 연대**(Wage Solidarity) : 이 회사법인은 임금 연대 정책을 채택한다. 순이익의 일정 비율은 피고용인 구성원들에게 분배되고 나머지 비율은 지방의 발전을 위한 부분할(non-divisible) 공공 자본으로 분배된다.
- **비영리성**(notforprofit) : 이 회사법인은 이윤이 장기적 목적을 달성하는 수단이라는 의미에서 비영리적이다.
- **다중기능적**(multifunctional) : 이 회사법인은 지방의 필요가 다양하고 계속해서 변하기 때문에 다중기능적이고 혁신적이며 유연할 것이다.

어떤 면에서 위의 처음 두 가지 원칙은 대학들이 처음 조직되었던 방식을 보여준다. 대부분의 나라에서 대학은 그 안에서 일하는 사람들이 통제하는 법인체들이었다. 우리가 교수들을 대학 소유권자라고 말하지는 않지만 공적인 신탁자산으로서 그 대학교를 통제하는 사람들의 집단이라는 개념은 공통적으로 받아들이고 있다. 병원도 유사한 종류의 신탁자산으로 간주되는 것이 보통이다.

물론 이러한 서비스 법인체는 운영 체계가 시장의 힘에 기반을 두고 있는 회사법인체와 근본적으로 다르다. 교육이 시장의 힘에 기반을 둔다면 보편적인 인권을 믿고 있는 우리에게는 재앙이 될 것이다. 그러나 소매협동조합이 시장의 힘에 적응해 나가는 것은 이해할 만하다.

명망이 높은 영국의 법률 전문가인 고우어에 따르면, "회사란 공동 활동, 보통은 경제적 이득을 추구하기 위해 합류한 사람들의 집단이다." 그는 대규모 회사법인에 대한 주주의 소유권이란 법률적 허구라고 지적한다.

"예를 들어 임페리얼케미컬인더스트리즈(Imperial Chemical Industries)의 주식을 100주 보유한 주주는 그 회사의 구성원이지만 그 사람을 그 회사의 운영을 위해 다른 구성원들과 연대한 사람이라고 묘사하는 것은 하나의 환상이다. 그 사업의 운영은 이사 또는 경영 담당 이사들에게 거의 맡겨져 있고, 주주는 구성원일지라도 법률적 측면이 아니라 경제 현실에서 볼 때 그저 한 사람의 자본금 대부자에 불과하며, 그 차입자에 대하여 어떤 효과적인 통제권도 행사하지 못하고 그 운영에 따른 수익을 기대하는 사람일 뿐이다."[11]

전통적인 협동조합들은 단순한 주주 소유권자라기보다 당초 공공신탁 자산으로서의 '법인체' 의미에 가장 가깝게 되어 온 것으로 보인다. 이 글에서는 소

---

[11] Gower, Laurence Cecil Bartlett. 1954. The Principles of Modern Company Law. p. 9.

유권자보다 관리자(stewardship)라는 의미를 나타내기 위해 '신탁재산관리인(trustee)'이라는 용어를 사용했다.

벌과 민스는 "미국의 기업들과 대규모 회사법인들 중 어느 곳도 공장, 도구, 조직이 자신의 소유라고 하거나 그것들을 이용해 자신이 원하는 것을 할 수 있다고 여기지는 않는다. 대규모 회사법인에 의해 탁월하게 그리고 집합적으로 운영되고 있는 모습이 국가가 운영되는 방식과 유사하다는 인식들이 늘어나고 있다. 회사법인들은 본질적으로 정치적 구성물이다"라고 지적한다.[12]

결국, 공동의 선인 사회 일반은 지역사회 공동체 사업들이 구성되는 방식에 이해관계가 있고 발언권을 가져야만 한다. 매우 현실적인 의미에서 볼 때 사업 회사법인은 다양한 이익 또는 경영자, 대부자, 노동자, 지역사회 공동체, 정부, 자본금 공급자 등의 이해관계자를 대표하는 신탁자산이다. 사업 회사법인의 지배구조 내부에서 모두의 이익과 이해관계가 대변되어야만 한다. 이러한 접근방법은 종종 '이해관계자 이론'으로 불리기도 한다.

지방 우선 원칙은 산업혁명 때부터 이어져 온 자본주의의 이동성과 완전히 대조되는 것이다. 노동자들은 지역사회 공동체를 떠나 공장이 있는 곳으로 이동해야 했다. 그러나 서구 세계는 80%의 일자리가 서비스 부문에서 제공되기 때문에 장소에 대한 선택이 더 중시되어야만 한다.[13]

서구의 많은 지역사회 공동체는 강요된 이민으로 인해 유령도시가 된 곳이 많다. 사람들은 일자리를 찾아 떠나야 했다. 우리는 경제가 사람에 적응해야 하며 결코 사람들이 경제에 적응하도록 해서는 안된다는 원칙을 따라야 한다.

[12] Berl, Adolph and Gardiner Means. 1932. The Modern Corporation and Private Property. p. xxvi.
[13] Williamson, Thad, David Imbrosscio and Gar Alperovitz. 2002. Making a Place for Community: Local Democracy in a Global Era. Routledge.

↳ 성장에 대한 윤리적 의무감

넷째 원칙인 보편주의는 글로벌 시장 체제에 대해 보다 낙관적인 관념에 토대를 두고 있다. 지구적인 수준의 착취 문제도 있지만, 우리는 세계 무역이 여기에 존재하고 있고 인간의 개선을 위한 긍정적인 힘이 될 수도 있다고 가정해야만 한다.

그러나 **강대국이 약소국을 착취하는 대신 현행 협동조합 사업 부문이 사업 분야에서 새로운 종류의 국제주의(internationalism)를 이끌어내도록 솔선하면서 새로운 상호 경제협력 체계를 지향해야 한다.**

이러한 특징의 묘사는 1988년 국제협동조합연맹(ICA) 맨체스터 회의에서 강조되었다. 협동조합들은 다른 협동조합들과 협력하도록 장려했다. 혼자만으로는 사업이 취약해질 수 있다. 그러나 모두 단결하면 강력해진다.

자본가적 회사들은 합병의 상업적 편익에 대해 오래 전에 배웠다. 이탈리아의 에밀리아로마냐 복합체는 지방의 협동조합들 사이에 다양한 연합관계를 형성함으로써 상업적 우위를 달성할 수 있는 매우 효과적인 구조를 발전시켜왔다. 그 지역들의 실업률은 4%로 이탈리아에서 가장 낮다. 협동조합 회사법인은 지방 공동체 안에서 협력함으로써 시작해야 하고, 그런 이후 전국 단위와 국제 단위에서 협력을 이어가야 한다.

다섯째 원칙에 따르면 성장은 윤리적인 차원에서 의무로 간주될 수 있다. 세계의 실업, 빈곤, 불평등과 같은 거대한 문제가 있을 때, 변화의 주체가 가지는 힘은 그 문제의 크기에 비례한다. 우리가 시장경제에서 활동하기 때문에 시장의 운영에 영향을 미칠 수 있는 능력은 회사법인의 규모에 달려 있을 것이다.

예를 들면, 초기의 많은 소매협동조합들은 단순히 시장 체계에 진입하는 것만으로도 지방의 시장에서 식료잡화의 전반적인 비용을 낮출 수 있었다. 지방의 소매협동조합은 경쟁력을 가질 만큼 충분히 컸기 때문에 지방의 식료잡화 거물들에 의해 이루어지는 착취를 저지할 수 있었다.

   그 규모 때문에 몬드라곤 복합체는 매년 3천에서 4천 명의 신규 근로자들을 위한 일자리 창출 목표를 세울 수 있다. 소규모 사업들은 개인의 성장과 인간관계를 위해서는 괜찮은 것일 수 있지만 세계 시장에 영향을 미치고자 하는 사업 체계라면 어느 정도 성장할 필요가 있다.

↳ 이윤과 혁신

임금에 대한 원칙은 내부유보 순이익(retained earnings: 이익잉여금) 또는 이윤과 관련되며, 사회 지향 사업체에서 항상 논쟁거리였다. 근로자나 자본가가 잉여 가치를 차지해야 한다는 근거가 있는가라는 오래된 주장은 오늘날 이치에 맞지 않다. 내부유보 순이익, 부가가치, 이윤은 단순하게 근로자, 경영자, 자본금 소유자에게 귀속되지 않는다. 생산성은 사회의 많은 구성요소 사이에 놓여 있는 복잡한 관계의 결과로서 나타나는 것이다.

   따라서 순이익(earnings)은 분배되어야 하고, 그 비율은 지방의 상황과 문화에 따라야 한다. 분명히 어떤 내부유보 순이익은 양질의 근로에 대한 인센티브로 사용되어야 하지만 재투자를 주된 목표로 하는 것이며, 이를 위해서는 사업의 성장이 이루어져야 한다. 이처럼 내부유보되어 분할할 수 없도록 된 이익금은 당연히 공공의, 또는 지역사회 공동체에 귀속되는 지분으로 불릴 수 있다.

   법인체의 착취가 오랫동안 이루어져 왔던 역사 때문에 이윤이라는 용어가

경멸의 대상이 되었지만 효율성의 척도로서 이윤의 개념은 사업 세계에서 매우 유용하다. 지역사회 공동체 집단들이 이윤을 내지 않고 손실도 없이 수지균형 수준에서 사업을 수행하려고 한다면 파산하게 되는 경우가 많다. 이 개념에 따르면 이윤은 성공의 수단이며 그 사업을 더 발전시켜 나가기 위한 방법이다. 그러나 영리 목적 사업에서는 이윤 자체가 목적이 된다.

마지막 원칙은 지식경제와 관련이 있다. 혁신은 사업 성공의 핵심 요소이다. 혁신은 구조와 제품의 유연성을 함축한다. 우리는 그러한 의미에서 '다중기능적'이라는 용어를 사용하는 경우가 가끔 있다. 사회적 목적을 위한 사업체들을 시작한 지역사회 공동체 집단의 대부분이 주택 사업 또는 식료잡화 사업처럼 한 가지 기능만을 선택하는 경향이 있지만, 변화되는 맥락에는 다중기능 사업이 적응을 도와줄 것이다.

시간이 흐르면서 일부 기능들은 더 이상 필요하지 않게 되고 새로운 기능들이 추가되면서 사업이 장기적으로 지속 가능하게 될 것이다. 이러한 이유로 담배 회사가 치약 회사를 매수해 사업을 다각화하기도 한다. **사업의 다양성은 생존과 지속능력을 보장해준다.** 사회적인 시각에서 보면 이러한 사업이 사회에 더 잘 봉사할 수 있도록 해줄 것이다.

지역사회 공동체 기반 사업들에 대한 이러한 생각과 아이디어는 실천 사례들을 관찰하면서 얻은 것으로 자신들이 수행하고 있는 것을 성찰하는 과정에서 논쟁을 일으킨다. 우리의 이상을 완벽하게 충족시켜주는 하나의 사례는 세계 어디에도 없다. 그러나 일부 사례는 이상적인 모습에 다소 가깝기도 하다. 몬드라곤은 공동의 과업을 중심으로 조합원들이 연합해야 한다는 아이디어를 전형적으로 보여준다. 에밀리아로마냐는 협동조합들 사이의 협동을 보여주는 훌륭한 사례이다. 케이프브레턴의 뉴돈 회사와 BCA지주회사는 주식이 없는 협동조합들이다. 퀘벡은 노동자이면서 주주이기도 한 사람들의 협동조합으로서 혁신적인 실험 사례를 보여준다. 이는 노동자 협동조합과 구별되며, 지역개발협동조합(regional development coop)으로 분류된다.

강력한 지역사회 공동체 기반 사업 부문을 개발해서 세계에서 경제적 정의를 실천하기 위한 주력군으로 활동할 수 있도록 해줄 수 있는 형식과 구조를 찾아내기 위해서는 여러 가지 더 많은 실험들이 필요하다.

중요한 것은 모든 구조에는 타당한 이유가 있을 것이라는 생각이다. 그럼에도 변하지 않는 것은 지역사회 공동체를 위하는 것이라는 목적이다. 지역사회 공동체 사업을 희망하는 집단은 창립자의 사망 이후에도 장기적으로 목적이 완수될 수 있도록 보장하고 지지해줄 수 있는 법률적 구조를 추구해야 한다.

사업을 시작한다

이제 여러분의 모임에서 마음으로 결정해 온 한두 가지의 사업 기회를 세부적으로 분석할 때가 되었다. 법률적 구조의 문제에 합의를 이룬 뒤에는 몇 가지 매우 현실적인 문제에 반드시 직면하게 된다.

어떻게 사업을 실제로 추진할 것인가? 첫째 유혹은 대형 컨설팅 회사에 의뢰하여 사업 타당성 조사를 하도록 하는 것이다. 그러나 성공 사례 대부분에서 그러한 경우를 보지 못했다. 또한 대부분의 전통 사업들도 그런 식으로 출발하지는 않았던 것으로 보인다. 보다 성공적인 사례에서는 창립 위원회가 일부 타당성 조사를 스스로 수행하고, 때로는 하위 위원회를 활용한다. 이 과정에서 소액의 자금이 컨설팅 전문가에게 지출되는 경우는 종종 있다.

실행 계획서를 제공해주는 외부 컨설턴트에게 중요 계약을 주는 그런 모형은 희귀한 사례이다. **나는 타당성 조사가 지역사회 공동체 사업 집단들에 의해 크게 과대평가되어 왔다고 생각한다.** 현실 사업의 기복을 이해하고 성공의 경험이 있는 헌신적인 이사회 구성원들이 컨설팅 업체보다 더 가치가 있다.

사업의 출발점은 복잡하고 매우 상이할 수 있다. 뉴돈회사에서 우리는 건물을 매입해 개조했다. 그레이트노던페닌술라(Great Northern Peninsula) 개발법인은 생선가공 공장을 인수했다.

↳ 신속하게 움직일 것

사람들은 결과도 없이 긴 시간 대화를 나눌 경우 실망하게 된다. 그런 사람들은 지역사회 공동체 사업 모임에 계속 남아 있지 않을 것이다. 소규모이고 온건한 수준일 때 보다 쉽게 시작할 수 있는 것은 확실하다. 물론 가장 단순한 접근방법은 이미 작동 가능한 기존 사업체를 인수하는 것이다.

출발을 하기 위해서는 초기 이사회와 초기 조직이 융자나 은행 보증의 형태로 종자 자본금을 제공해야 한다. 출발이 이루어지고 현금흐름이 정착되면 그 후부터는 보다 크고 더 야심적인 기업체들을 기획하는 것이 훨씬 더 쉽다. **신뢰를 쌓기 위해서는 실적 이외에 다른 방법은 없다.**

일부 모임에서는 수년이 걸리는 거대 개발사업을 계획한다. 그러나 그러한 모임은 소멸하는 경우가 대부분이다. 수고를 알아주고 용기를 북돋아주는 단기적인 결과가 없기 때문이다. 또한 대형 사업들은 비용이 많이 들고 복잡한 타당성 조사를 필요로 한다. 이는 경험이 없는 집단에서 반드시 피해야 하는 것이다. 물론 이것이 우리 자신을 소규모 사업으로만 제한해야 한다는 것을 의미하지는 않는다. 오히려 온건한 수준의 출발이 학습 경험으로서 최선이라는 것을 교훈으로 말하는 것이다.

설립된 이후에는 조금 더 큰 기업체로 이행해 나가야 한다. 경제적 쇠퇴와 높은 실업률로 훼손된 지역에서는 확장과 성장이 도덕적인 의무이다.

성장의 관리

소규모 사업 계획이 개발되고 그 집단이 헌신성을 입증하였다면, 그 분야에서 최고의 사업과 기술 자원을 영입하기 위한 광범위한 노력이 있어야 한다.

앞에서 지적한 것처럼 대학교나 지역사회 공동체 대학은 재능과 기능의 훌륭한 원천이다. 나의 경험에 따르면, 조직을 이끄는 리더들이 경영의 통제 체계를 갖추고 사업에 진지한 태도를 보인다면 역량을 갖춘 사업계의 인재들이 자신들의 서비스를 제공하려고 자원할 것이다.

이 시점에서 이사회의 역할이란 근본적으로 감독하고 지침을 주는 역할이라는 점을 다시 한 번 강조할 필요가 있다. 일상적 의사결정을 내리는 것은 이사회의 역할이 아니다. 그것은 경영진의 역할이다. 지역사회 공동체 기반 사업들에서 위험한 것은 이사회 구성원들이 친구나 친척들을 위해 일자리를 얻으려고 하는 것이다. 직원 선발은 경영진의 역할이다. 또한 이사회는 사업계획이나 재무제표를 작성하는 방법을 배우는 데 관심을 가져서는 안 된다. 그것은 직원의 역할이다.

신규 직원이 적고 그러한 기능이 부족하다면 그 기능들은 외부에 하청을 줄 필요가 있다. 지역사회 공동체 사업체가 대학과 관계를 맺고 있다면 교수의 자원봉사 방식으로 그 기능이 수행될 수도 있다.

지역사회 공동체 사업을 개시하는 과정에는 사업을 시작하는 어떤 개인이든 이들을 안내해주는 동일한 원칙이 적용되어야 한다. 사업체가 다중기능적이 되도록 하기 위해서는 부속기구와 부서들의 다양성을 위해 개방적이고 유연한 구조가 필수적이다.

지역사회 공동체의 경우, 이미 운영되고 있는 유사한 정신을 가진 사업들과 협력하는 것이 필수적이다. 주택협동조합이나 소매협동조합처럼 많은 지역사회 공동체 사업들은 자신들을 단일 사업 활동에 제한된 것으로 본다. 주택협동조합은 주택을 건축하고 식료잡화협동조합은 식료잡화를 판매하는 것이 전부다. 그러나 앞에서도 지적한 바와 같이 혈혈단신의 사업들은 연약할 수밖에 없다.

지역사회 공동체 지향 사업들이 해당 지역에서 이미 운영되고 있다면, 그 집단은 제휴와 동반자 관계를 설정하려고 노력해야 한다. 이미 있는 것을 다시 만들기 위해 쓸데없이 시간을 낭비하는 것은 무분별한 일이다. 일부 신용조합들은 지역사회 공동체 사업을 시작하는 집단들에게 저리의 융자를 제공한다. 일부 대학들은 지역사회 공동체 사업들이 시설을 사용할 수 있도록 허용한다. 또한 일부 기관들은 경영진과 직원의 일체화 및 최신 정보 습득에 커다란 도움이 되는 프로그램들을 보유하고 있다.

그러한 연대와 협력은 지역사회 공동체 사업 운동에서 근본이 되며 신규 사업 착수를 쉽게 해줄 것이다. 뉴딜은 뉴돈사의 지원을 받아 사업을 하였다. 올드배럴 포테이토칩 회사는 지방에 있는 신용조합의 도움을 받아 사업을 착수했다. 톰킨스개발은 BCA지주회사의 도움을 받아 출발했다.

└ **합병과 인수**

합병과 인수는 전통 사업 영역에서는 흔한 일이었고, 이런 사례는 지역사회 공동체 사업 부문에도 매우 유익하게 사용될 수 있다. 예를 들면, BCA지주회사는 밧줄 제조회사가 파산하여 외부지역 회사에 의해 매입될 위험에 처했을 때 지역사회 공동체에서 기회를 포착했다. 외부지역 회사로 매각하는 것은 일자리뿐만 아니라 세금 수입원이 상실된다는 것을 의미했다. 그래서 BCA가 입찰에 참가해 그 회사를 매입했다. 그 회사는 주식을 구입할 수 있도록 지방의 투자자들을 모집해서 정상화되었다. 노동자들에게도 주주로 참여하도록 권유했으나 그들은 전통 노동조합 구조를 선호했기 때문에 거절했다.

어떤 의미에서 퀘벡의 지역개발협동조합은 인수 형태의 업무를 수행했다. 제조업체가 어려운 상황에 빠졌을 때, 노동자들이 협동조합을 결성할 수 있도록 지원했다. 그 후 이 협동조합은 노동자 주주회사(workershareholder company)를 설립할 수 있도록 주식의 일부를 구입해주었다.

신규 사업들은 개시하기가 매우 어렵다. 소규모 지역사회 공동체의 작은 단체들이 함께 모여 어업협동조합을 준비했던 1930년대라면 매우 간단한 일이었다. 주택사업의 경우 광부들은 타고난 기능을 활용하여 협동조합으로서 12채의 주택을 건축할 수 있었다. 오늘날에는 건축 규정, 지방에 지사를 가진 대형 글로벌 회사, 수많은 정부 규제사항 등으로 인해 그러한 일이 만만치 않다. 아마추어들은 현대적인 시스템 안에서 어쩔 줄을 모르는 경우가 많다. 이것은 **기존에 운영되고 있는 회사를 매입하거나 경영권을 확보하는 것이 훨씬 간단**하다고 하는 이유를 말해주고 있다.

이러한 맥락에서 가장 중요한 성공요소 중 하나는 경영이다. 사회 활동가들은 보통 경영자의 역할을 과소평가하는 경우가 많다. 지역사회 공동체 사업의 경영자는 현대사회에 경영자가 보유해야 할 모든 기능을 보유해야 한다. 여기에는 이사회에 대한 관계 등을 위해 필수적인 사람과 관련한 기법들도 포함된다.

↳ 유기적인 접근방법

매우 통찰력 있는 경제 지리학자 중의 한 사람은 사업이 식물과 유사하다고 하였다. 선인장이라는 식물은 열대기후에서 잘 자라지만 북구의 기후에서는 그렇지 않다. 멕시코에서 전나무가 잘 자라지 못하는 것과 같은 이치다.

사업도 이와 유사하다. 일부 사업들이 어떤 지역에는 적합하지만 일부 사업들은 그렇지 않은 것과 같다. 예를 들면 석탄 채굴이나 금속 공장 등 오랜 산업전통을 가진 지역에서는 평균 노동자가 육체노동을 거래하는 관계에 있을 때 편할 것이다. 그러나 일반적으로 실업상태의 석탄 광부들이 소프트웨어 회사에서 일할 수 있도록 훈련되기가 쉽지 않을 수 있고, 실업상태의 대도시 공무원이 금속 제조 공장에서 일하기도 어려울 것이다. **건실한 사업이라도 무엇이든 성공을 하려면 지방의 문화에 적응해야 한다.**

유기적인 접근방법은 자금 계획에서도 유용하다. 나무는 물을 충분히 흡수하지 못해도 죽고, 너무 많이 받아도 죽는다. 사업에서 자금은 물과 같은 것이다. 사업이 충분한 자금을 공급받지 못하면 파산할 것이고, 너무 많이 공급받아도 파산할 수 있다. 후자의 경우는 정상이 아닌 것 같지만 사실이다.

레스토랑이 딸린 숙박시설을 개업하기로 했던 한 사람을 알고 있다. 그는 건축가에게 아름다운 관광단지를 설계하도록 했다. 그 사업에는 2백만 달러가 소요되었고 정부가 보조금으로 1백만 달러를 지원했다. 그 기업가는 50만 달러의 주택저당대출을 받았고, 자신의 돈 25만 달러와 별도로 차입한 25만 달러를 투자했다. 그가 1백만 달러를 무상으로 지원받았기 때문에 대단한 것처럼 보였다.

그러나 2년 후 주택저당대출금조차 갚을 수 없을 만큼 충분한 돈을 벌지 못했다는 것을 알았다. 주택저당대출 회사는 저당권을 행사했다. 그가 너무 많은 자금을 가졌던 것이 실책이었다. 그래서 무리하게 건축계획을 세웠다. 만약 50만 달러의 보조금만 받았다면, 50만 달러의 주택저당대출을 받지 않았을 것이고, 25만 달러만 차입했을 것이며, 2백만 달러 대신 1백만 달러 상당의 관광단지를 보유했을 것이다. 훨씬 단순한 구조였을지라도 살아남을 수 있었을 것이다.

멕시코의 빈민 지역에서 농민 사업 개발에 관계를 가진 적이 있었다. 이 집단은 캐나다에서 자금을 활용하여 토르티야(tortilla: 옥수수 가루로 구운 부꾸미 종류) 점포를 건축했다. 이 점포들은 상당히 성공적이었고 경영하기 쉬웠으며 지방 시장의 필요를 만족시켰다. 이들은 바른 판단력으로 토르티야 사업을 전개하기로 결정했다. 그런데 이와 함께 관광객을 위한 간이 토속 오두막집을 건축하고자 하였다. 여러 원천으로부터 지원을 구한 끝에 그들은 놀랄 만큼 좋은 행운을 얻었다. 미국의 재단 한 곳이 50만 달러를 제공하여 아름다운 레스토랑과 현대적 설비를 갖춘 오두막집을 건축하도록 했다.

이는 기막힌 기회처럼 보였다. 불간섭의 민주적 정신에서 그 재단은 현지 단체가 사업을 독립적으로 전개하도록 허용했다. 전통적인 도급업자를 고용하는 대신, 그들은 사업을 지역사회 공동체 계획으로 추진했다. 그들의 의지는 대단한 것이었다. 농민들이 건축사업을 통제할 수 있을 것이라는 것이었다.

그러나 많은 건축 관련 실수를 범했다. 그들은 그 재단의 자금을 모두 사용한 후에 그 계획을 완수하기 위해 10만 달러를 차입해야 했다. 그들은 곧 수익을 적립하여 부채를 상환할 수 있을 것이라고 계산했다.

불행하게도 그들의 사업은 매우 비효율적이었다. 수익은 저조했고 부채를 상환할 수 없었다. 사업은 거의 파산 상태가 되었고, 성공적이던 토르티야 가게를 잃는 상황에 직면했다. 조건 없이 제공되는 관대한 자금이 항상 사업에 도움이 되는 것은 아니다.

사업이 파산하면 소유권자들에게는 비극이다. 그러나 지역사회 공동체 집단의 경우 이런 사업들에 관대할 수 있다. 파산한 어떤 관광단지의 경우, 지역사회 공동체 단체 한 곳이 30만 달러에 그곳을 매입했다. 현재 이곳은 조그만 지역사회 공동체에서 번창하는 초석 사업이 되었다. 이 경우는 형성과정에 있는 지역사회 공동체 집단에 파산한 사업이 커다란 기회를 제공할 수도 있다는 것을 보여준다.

필요조건이지만 충분조건은 아니었던 생각들로 다시 돌아가는 것이 도움이 될 때가 종종 있다. 금전적 자본은 사업 개발에서 필요조건이다. 그러나 그것이 충족되었다고 해서 사업이 번창하는 것이 아닌 것처럼 충분조건은 아니다. 능력 있는 경영도 필요조건이지만 충분조건은 아니다.

지역사회 공동체 집단이 사업을 성공적으로 발전시키기 위해 요구되는 가장 중요한 두 가지 요소는 적절한 규모의 자본금과 능력 있는 경영진이다.

↳ 함정들

일부 위험들에 대해 나는 이미 지적한 바 있다. 다른 위험은 자본금과 운영예산을 구분하지 못하는 것이다. 자본금은 건축물이나 기계류를 위해 지출된다.

운영예산은 직원에게, 그리고 경상비용으로 지출한다. 이는 사업이 매일 이루어지도록 하는 자금이다.

특히 관광 분야에서 지역사회 공동체 사업들은 커다란 실수를 범한다. 나는 아름다운 건물을 건축하기 위해 정부로부터 대규모의 보조금을 얻어내려고 하는 단체들을 보아왔다. 그러한 활동은 자본금을 확충하는 것이지 운영 예산을 확보하는 것은 아니다. 예를 들어 지역사회 공동체 단체 한 곳은 관광사업의 일부로서 문화센터를 건축하기 위해 정부에서 2백만 달러를 받을 수 있다. 물론 멋지게 보일 수 있다. 그러나 2년 후 그 단체는 직원, 세금, 보험 비용을 지출하기 위한 자금이 부족하다는 것을 알게 된다.

그 지역사회 공동체는 2백만 달러의 무상 현금을 받기보다 50만 달러의 기부금만으로도 더 잘 운영될 수 있었을 것이다. 2백만 달러보다 50만 달러만을 받는 쪽을 선호하는 것이 이상하게 보일 수 있다. 그러나 투자된 50만 달러는 매년 3만 달러의 이익을 무한히 제공할 수 있다. 이 단체는 방치된 폐교 건물이나 교회 시설을 사용해야 했을지도 모른다. 무조건 커다란 규모를 추구하는 방법은 안정성이 없을 것이다.

지역사회 공동체 단체들은 오래된 건물을 개조하는 데 도움을 줄 수 있는 지방의 자원봉사자들에게 호소하는 경우가 많다. 2백만 달러 상당의 건물을 신축하는 것은 매우 탐날 수 있다. 그러나 다른 소득원이 없다면 장기적으로 지속가능성이 보장되지 않는다. 또한 뉴욕과 파리에서 오는 관광객들은 멋있는 건물을 보기 위해 지방의 지역사회 공동체를 방문하지는 않는다. 그들은 지방의 문화를 느끼기 위해 오는 것이다. 때때로 취향과 상상력을 살려 보수된 구식 건물이 일반적인 콘크리트와 유리로 이루어진 건축 구조물보다 더욱 가치가 있을 수 있다.

또 다른 유혹은 장기적인 안목이 아니라 단기적인 안목을 갖는 것이다. 어떤 성공적인 사업의 결과로 5만 달러를 축적했다는 것을 알게 된 지방의 개발 단체를 생각해보자. 그러한 경우, 많은 집단들은 이를 직원 고용과 일자리 제공을 위해 지출할 수 있다. 장기적인 접근방법에서는 이것을 자산을 늘리기 위해 사용하는 것이다.

이는 그 단체가 2만 5천 달러를 사용하여 시간제 직원을 늘리고 나머지 2만 5천 달러를 사용하여 10만 달러 상당의 건물을 매입하는 것을 의미한다. 그 2만 5천 달러는 계약금으로 사용할 수 있고, 나머지 지불해야 할 잔액인 7만 5천 달러는 지방의 신용조합에서 저당대출을 받을 수 있다. 그 단체는 빌딩은 임대하고 조금씩 저당대출금을 상환함으로써 이 자산을 온전히 소유하게 될 것이다. **자산이 없으면 지역사회 공동체 사업 단체는 항상 약자로 되어 매년 정부의 보조금을 쫓아다니게 될 것이다.**

자산은 지역사회 공동체 사업 단체가 자신의 소득을 창출할 수 있도록 해준다. 사업 개시 시점부터 모든 지역사회 공동체 사업 단체는 어떻게 5년 또는 10년 동안 살아남을 수 있을까를 생각해야 한다.

ㄴ 이사회와 경영자

지역사회 공동체 사업에 내재되어 있는 것처럼 보이는 위험이 한 가지 있다. 이사회와 경영자의 관계이다. 사업이 성장하고 경영자가 오랫동안 그 자리에 있게 되면 자원봉사자들로 구성된 이사회는 경영자가 가장 잘 알 것이라고 가정하게 될 것이다. 특히 어느 정도 성공을 거두었다면, 그 경영자는 지나치게 자신만만하고 모험적으로 될 수 있다. 경험이 있는 이사회 구성원들은 그 위험을 알아챌 수 있다. 그러나 그 사람들은 그 경영자에게 반대하고 싶어하지 않을 수 있다.

한 예로 나는 조경과 원예 자재 서비스 분야에서 성공을 거둔 지역사회 공동체 사업을 알고 있다. 그들은 사업의 이윤이 적었지만 지속가능성을 보장하는 수준은 되었다. 그러나 누군가 공장을 매입하자고 제안했다. 여기서 나오는 제품은 중요하지 않았으나 그런 류의 사업은 이윤이 매우 높고 높은 수익도 창출할 수 있는 것으로 전망되었다. 그러나 그 사업은 매입한 집단에 비용만 크게 부담시켰을 뿐 결코 순조롭게 출발하지 못했다. 이러한 모험은 바람직한 것이 아니다. 제조업 분야는 특수한 종류의 경영이 필요한 자본집약적 사업이다.

일부 이사회 구성원들은 제조업 진입을 원하지 않았지만, 경영자에게 반대하고 싶지도 않았다. 경영자들은 한 종류의 사업에서 뛰어나지만 다른 종류의 사업에서는 불안정해진다. 게다가 특정 유형의 경영자는 사업 시작 5년 동안은 필요할 수 있지만 사업이 안정되면 다른 유형의 경영자가 필요할 수 있다. 지역사회 공동체로 창업할 당시에 경영자의 기업가 정신이 추진력으로 작용했던 곳에서는 이사회가 경영자의 의견에 반대하는 것이 특히 어렵다.

이사회와 경영진 사이의 균형은 대규모 사업 회사법인들에서도 나타나는 문제이다. 경영자들은 회사법인들을 운영하고 이사회는 승인만 하는 경우가 종종 있다. 어떤 유형의 사업이든 **경영자가 참석하지 않는 이사회를 정기적으로 개최하는 것이 매우 중요하다.** 물론 회의를 사전에 예고하는 절차를 거침으로써 경영자를 배제하기 위한 마녀사냥으로 보이지 않도록 해야 한다.

연중 첫 번째와 마지막 이사회는 경영자가 참가하지 않고 개최한다는 규정을 세울 수도 있을 것이다. 또한 이사회가 정기적으로 외부 평가회를 갖는 것도 매우 유용하다. 객관적인 평가는 어느 이사회에게든 매우 유용하다. 물론 이것은 정상적인 사업 관행으로 추진되어야 하며, 경영자를 불신하고 있는 것처럼 비춰져서는 안 된다.

↳ **균형 유지**

몇 년 동안 사업을 운영한 후 이사회는 다음과 같은 질문을 계속해야 한다. "만약 우리가 사업을 폐쇄하고 모든 자산을 연내에 매각하며 모든 부채를 상환한다면, 얼마의 돈이 남을 것인가?" 만약 돈이 남는다면 사업은 성공적으로 평가될 것이고, 돈이 남지 않는다면 그 사업은 성공하지 못한 것으로 평가될 것이다.

  내가 금전적 가치가 있는 자산을 늘려야 한다고 주장하면 대단히 자본주의적인 것처럼 보일 수 있다. 나의 답변은 만약 우리가 지역사회 공동체의 필요에 현실적으로 부응하고자 한다면 우리에게 도구가 필요하다는 것이다. 화폐는 단순한 도구이다. 다만 도움이 되도록 사용될 수도 있고, 아니면 도움이 되지 않게 사용될 수도 있다. 지역사회 공동체 사업의 영역에서 화폐는 분명히 기본적으로 필요한 하나의 도구이다.

  내가 사회 활동가 역할을 맡았을 때 해야 할 필요가 있는 많은 현상들을 목격하게 된다. 거리의 빈민들은 정말로 도움이 필요하다. 그렇다면, 내가 사업가 모자를 쓴다면, 이루어져야 할 또 다른 종류의 필요가 있는 현상들을 목격하게 될 것이다. 새로운 소득 원천이 없으면 직원에게 지급할 충분한 자금도 보유하지 못할 것이다.

이러한 갈등은 지역사회 공동체 사업체에서 전형적이지만 그것이 정상이다. 나는 한쪽을 사회적 지상명령(soical imperative)이라고 하고, 다른 한쪽을 사업적 지상명령(business imperative)라고 부른다. 현실 세계에서 사회적 지상명령과 사업적 지상명령은 갈등 관계라기보다 항상 긴장 관계에 있는 것이다.

어떤 완벽한 사람도 없고, 어떤 완벽한 조직체도 없으며, 어떤 완벽한 사업도 없다. 그것은 바로 인간적이라는 의미이다. 지역사회 공동체 사업을 향한 끊임없는 도전은 사회적 지상명령과 사업적 지상명령 사이에서 균형을 찾아내는 것이다.

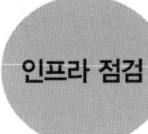

인프라 점검

5가지 기반과 구성 요소

지역사회 공동체 다수는 사업 개발에 필요한 인프라(하부구조)가 미흡하다. 따라서 우리는 그것을 스스로 만들어 가야 한다. 이러한 관찰은 앞의 장들에서 논의된 애틀랜틱 캐나다의 뉴돈과 BCA, 스페인 바스크 지역의 몬드라곤 등 성공적인 지역사회 공동체 기반 사업체들에 대한 수십 년의 분석을 토대로 도출된 것이다. 이들 사례의 초점은 '지역기반 개발(placebased development)' 전략이다. 이것은 국가나 글로벌 체계가 아니라 지방의 맥락을 사회 변화의 출발점으로 보는 것이다. 많은 사회 활동가들은 지방 수준에서 이루어지는 변화가 결국 더 커다란 맥락을 뒤바꿀 수 있을 것이라고 믿는다. 앞에서 성공적인 발전으로 인용되었던 사례들은 다섯 가지의 중심축(five pillars)에 의존하고 있다. 일체화(formation), 금융(finance), 연구(research), 기술(technology), 정부(government)가 그것이다.

이들 다섯 개의 주축은 서로 관련되어 있으며, 서로의 관계는 역동적이다. 각각이 모두 중요하지만 어떤 하나의 요소만으로는 성공의 충분조건이 될 수 없다. 예를 들어 사업 영역에서 금융은 필요조건이지만 충분조건은 아니다. 자금원을 확보했다고 하더라도 최신 기술을 이해하고 활용하는 데 실패할 경우 성공을 보장받기 어렵다.

이들 다섯 가지 주축들 간의 관계가 중요하다. 다섯 가지 모두를 한곳에서 확보하는 것이 가능하더라도 서로 연결시키지 못하면 어떤 일도 일어나지 않는다. 여러분이 전기와 음악 재생 스테레오를 가질 수 있더라도 스테레오에 전기가 연결되지 않으면 음악이 흘러나오지 않을 것이다. 이처럼 주축들 사이의 관계가 서로를 강화시킬 수 있을 때 사업도 발전할 것이다.

일체화

조그만 지역사회 공동체에서 어부들을 조직해서 스스로 운영해 나갈 수 있는 협동조합을 결성하는 것이 50년 전에는 가능한 일이었다. 당시는 매우 적은 기능이 요구되었기 때문이다. 그러나 세계화된 경제에서는 모든 사업들이 국제적 경쟁에 직면하게 되고, 고도로 숙련된 경영자들은 사업을 특정한 방식으로 성공적으로 빚어내기 위해 필요한 선결요건이 되었다. 하나의 사업을 원하는 모습으로 빚어내는 기술은 다른 요소들도 작용한 것이지만 점점 더 복잡해졌다. 국가들이 점점 더 많은 통제를 하고 있는 것이 그 예라 할 수 있다. 국가는 50년 전보다 더 많은 규칙들을 보유하고 있다. 어떤 사업 경영자가 정부 규제와 세법에 대한 지식이 부족하다면 사업은 실패할 것이다. 소규모 사업의 경영자들조차 정보를 찾기 위해 인터넷 사용 방법과 같은 기능과 지식이 필요하다. 20년 전에는 요구되지 않았던 것들이다.

'정보 경제(information economy)'라는 용어는 사업에서 정보의 중요성을 새롭게 보여준다. 과학과 기술의 급격한 변화 또한 모든 사업에 영향을 미친다. 이것이 바로 대규모 회사법인들이 연구와 개발 분야에 투자하는 이유다. 그러나 조그만 지역사회 공동체의 소규모 사업들은 그러한 분야를 운영할 여력이 없다. 지역사회 공동체 기업들이 성공한 사례의 대부분에서는 이러한 필요가 지방의 학교, 전문대학, 대학교를 통해 충족되었다.

누구나 모든 것을 할 수 있다는 것은 사실이 아니다. 오늘날 경영자에게는 독특한 재능, 특별한 훈련과 교육이 요구된다. **경제적으로 압박을 받고 있는 지역사회 공동체에서는 능력 있는 경영자들을 양성하는 것이 가장 큰 도전이다.**

ㄴ 금융

모든 국가는 각각 대형 금융기관에서 보유하고 있는 자금을 가지고 있다. 그러나 대부분의 투자회사들은 자신들의 본부에서 200킬로미터 이내에 있는 회사들에 투자하는 경향이 있다. 대도시에 있지 않은 사업들이 투자를 유치하기는 매우 어렵다. 몬드라곤이 지역사회 공동체 내부에서 자기 소유의 투자은행을 발전시켰던 이유도 이 때문이다(www.mondragon.mcc.es).

더 소규모이기는 하지만, BCA그룹은 지방의 투자에 필요한 자금을 그 지역사회 공동체 내부에서 조성하기 위하여 케이프브레튼 지역에 설립되었다. **지역사회 공동체가 얼마나 가난한가에 관계없이 항상 일정 규모의 자금은 가지고 있다. 자금을 동원하는 데 장애물은 동기부여와 조직화의 부족에 있다** (www.ced.ca).

연구

사람이 있는 곳이라면 어디든지 사업 기회가 있다. 재화와 서비스는 교환될 필요가 있다. 문제는 그 기회들을 족집게처럼 콕 집어내는 것이다. 이 때문에 연구가 중요하다. 성공적인 지역사회 공동체 기업들 대부분에서는 사업을 발굴하고 발전시키기 위해 연구센터가 설립되었다. 이러한 '사업 활동 연구 센터(action research center)'는 문건을 인쇄하기 위해 설립된 것이 아니다. 이들의 핵심 결과물은 새로운 사업들을 정립하는 것이다.

이러한 연구센터는 지역에 자리잡아야 한다. 그래야 지방의 맥락을 심층적으로 이해할 수 있다. 예를 들어, 뉴욕의 비즈니스 리서치 센터는 스페인 바스크 지역이나 케이프브레턴의 지방 맥락을 파악하는 데 어려움을 겪을 것이다. 지방의 맥락을 이해하는 것이 중요하지만, 세계적 맥락도 무시할 수 없다. 예를 들면, **신제품을 개발하였는데 세계의 다른 곳에서 다른 누군가가 더 좋은 기술로 똑같은 제품을 개발해 더 저렴한 가격에 판매하고 있다는 사실을 뒤늦게 알게 되면 그때까지의 노력이 무의미해진다.** 오늘날의 경제에서 국제 네트워크에 연결되는 것은 중요하다. 이는 자동적으로 이루어지는 것이 아니다. 사업 경영자들은 일반적으로 매우 바쁘다. 그래서 사업 활동 연구를 위해 특별 기관이나 센터가 필요하다.

기술

출범 초기부터 몬드라곤의 창립자들은 새로운 사업을 위해 세계 최고의 기술을 추구했다. 이러한 노력은 성공하는 데 주된 원천이 되었다. 그러나 기술은 기계 자체를 넘어 조직까지 포함하는 것임을 명심하는 것이 중요하다. **사업이**

어떻게 조직되어 다른 사업들과 관계를 맺고 시스템들을 지원하는가 하는 것은 '조직론적 기술'이라고 부를 만하다. 몬드라곤은 100개 이상의 기업체들을 보유하고 있다. 그러나 그 기업체들은 하나의 마케팅 시스템, 하나의 연구 체계, 하나의 금융 체계를 통해 연결되어 있다. 몬드라곤 은행의 고객사들은 몬드라곤 은행으로부터 감독을 받는다. 고객사 각각은 5년 동안의 예산 실적과 월간 손익계산서를 제출해야 한다. 중앙 단위의 프로그램에서 문제점을 발견하면 몬드라곤 은행에서 파견된 검사원이 고객사에게 손실을 방지할 수 있는 대책을 제시할 수 있도록 권한을 부여받게 된다.

이는 재정 문제가 통제 범위를 벗어나지 않도록 해주는 일종의 기술이다. 고객사가 이러한 체제에 동의하지 않으면 융자는 거부된다. 케이프브레턴에는 훨씬 작은 규모이지만 우리의 사업 활동 연구 센터와 연결된 BCA 그룹 내부에 4개의 금융 회사를 보유하고 있다.

정부

정부가 할 만한 역할이 없다는 생각은 하나의 커다란 실수이다. 정부의 태도가 적대적이라면 어떤 종류의 사업도 개발하기가 매우 힘들다. 정부는 소규모 사업들을 지원하는 정책들을 가지고 있다. 각급 단위에서 정부와 좋은 관계를 유지하는 것은 의미가 있다.

역으로 특정한 정치적 정당 중의 하나로 인식되도록 행동하는 것은 신중하지 못하다. 지역사회 공동체 기반 사업체들이 정부에게 정책 설명을 하는 것은 유용하다. 세제 정책이나 기타 규제사항들은 성공과 실패를 좌우할 수 있다. 일반적으로 정부들은 민간의 자원봉사자들이 일자리 창출과 사업 개발에 책임

감을 가져주기를 간절히 원하고 있다. **지방 정부는 지역사회 공동체와 가장 가깝기 때문에 보통은 지방 정부와 좋은 관계를 유지하는 데 중점을 두는 것이 최선이다.**

이 책에서 윤곽을 살펴본 사업 구축 방법은 어디에서나 이행될 수 있는 일반적인 모형을 창출하려는 경제 연구와는 다르다. 그 연구의 결과물들은 높은 가격을 지불하는 입찰자에게만 판매된다. 그러나 이 책에서 윤곽을 살펴본 조직은 하나의 지역사회 공동체에 이익을 주려는 것이다. 그 목적은 지방의 사업들을 발전시킬 수 있도록 기존의 자원을 과학 및 기술과 결합하여 활용하려는 것이다.

인적 요소

나는 5개의 주축 요소들이 역동적으로 결합될 경우 사업이 성공할 수 있다고 주장했다. 그런데 이들 요소들을 역동적으로 결합하기 위해서는 포착하기 어려운 인적 요소, 즉 지도력이 필요하다. 지도력에는 개인적인 동기, 추진력, 재능이 포함된다. 모든 지역사회 공동체에는 추진력과 재능을 가진 사람들이 있다. 그러나 그 사람들에게 사회적 기업체들을 설립하도록 해주는 동기는 무엇일까?

사업에서 가장 공통적인 동기는 개인의 이윤이다. **시카고 경제학파는 '탐욕'이 가장 효과적인 동기부여 수단이라고 주장한다.** 그러한 주장이 옳든 그르든, 주된 동기가 부를 증가시키는 데에 있는 사람들은 돈을 가장 잘 벌 수 있는 곳을 선택한다.

경제적으로 압박을 받고 있는 곳에서 지역사회 공동체 사업을 설립하는 데 가장 성공적인 효과를 보이는 동기는 지역사회 공동체에 대한 도덕적 헌신이다. 인간에 대한 개인적인 헌신의 태도는 방글라데시의 무하마드 유누스[14]나 스페인의 돈 호세 마리아[15]와 같은 지도자들의 열정을 북돋아 주었던 종류의 동기였다. 그들만큼 높은 수준의 지도력을 획득할 수 있는 곳은 거의 없지만 나는 내가 많은 시간을 투여해 온 지역사회 공동체들 모두가 경제적으로 압박을 받고 있음에도 잠재적 지도자들을 보유하고 있음을 목격해왔다. 필요한 것은 그들을 발굴하고 용기를 주는 것이다. 헌신적인 자세를 가진 도덕적인 지도력은 5가지 요소들과 함께 지역사회 공동체 기업 경제가 번창하는 데 충분조건이 될 것이다.

---

14 역자 주 : 방글라데시의 은행가, 경제학자, 사회운동가이며, 빈민들에게 무담보 소액대출 운동을 하며 그라민은행을 설립하여 빈곤퇴치에 앞장선 공로로 2006년 노벨평화상을 수상하였다.

15 역자 주 : 1915년 출생하여 1976년 사망한 가톨릭 사제이며, 스페인 바스크 지역 몬드라곤에서 협동조합 운동을 일으키고 부흥시킨 사람이다.

글로벌 트렌드

세계의 추세와
바람직한 발전 이론

이 지침서는 사회 변화의 출발점으로 지방의 지역사회 공동체를 강조했지만 지방의 지역사회 공동체를 주변적인 위치로 전락시키는 역할을 해 온 근본적인 지구적 수준의 변동, 즉 거대 도시의 지속적 팽창 현상을 무시할 수 없을 것이다. 이러한 추세 뒤에는 기술전문가적인 사고방식이 깔려 있다. 그 사고방식은 거대 도시 시대가 정책입안자들의 완전한 구상 속에 이루어진 것이 아닐지라도 그것의 결과를 당연시 여기도록 만들고 있다. 불과 200년 전만 하더라도 인구의 80%가 비도시 지역에 살았다. 도시는 지구 인구의 5분의 1에 불과했다. 어떤 예측에 따르면, 이 비율은 2050년이 되면 세계 인구의 80%가 거대

도시에 살게 되어 완전히 뒤바뀌게 될 것이라고 한다.[16]

이러한 비교할 수 없는 변화는 원자력 개발이 그랬던 것처럼 예기치 못한 결과를 초래할 수 있다. 1950년대에 우리는 원자력이 세계 에너지 부족 문제에 대한 해법이 될 것이라고 생각했다. 많은 사람들은 원자력이 사실상 무한한 것이라고 주장했으며, 핵폐기물 처리와 같은 문제들은 미래의 혁신으로 쉽게 해결할 수 있을 것이라고 무시했다. 그러나 체르노빌 사태[17] 이후 우리는 원자력에 안전 문제가 없을 것이라고 장담할 수 없게 되었다. 그 재앙은 성찰 없는 진보에 대한 신념 때문에 우리가 거대한 위험을 보지 못했다는 점을 다시 한 번 확인시켜 주었다.

각국 정부는 거대도시의 성장과 집중이 경제적 팽창과 국민소득 향상을 촉발할 것이라고 주장하면서 이것을 위한 인센티브를 지속적으로 제공하고 있다. 노바스코샤처럼 캐나다의 소규모 지방 정부조차도 주도(州都)인 핼리팩스에 산업과 대학의 집중화를 장려하면서 그 행렬에 올라탔다.

지방의 정책입안가들은 과학 자원을 집중하여 첨단기술과 의료혁신을 이뤄냈던 보스턴케임브리지 지역과 같은 혁신과 경제성장 토대를 마련해야 한다고 말한다. 그런데 30년 동안 이런 모형을 복제하려고 노력했지만 별 성과를 거두지 못했음에도 일부 정책입안자들은 여전히 반성하지 않고 있다.

보스턴케임브리지 지역에서 나타났던 것은 지구적인 규모에서는 적용할 수

---

16 1950년에는 서구에 거대 도시(megacity)가 2개밖에 없었다. 당시 뉴욕의 인구는 1,200만 명이었고 런던은 870만 명이었다. 1995년에 이르러 거대 도시의 수는 22개로 늘었다. 이 중 16개는 개발도상국에서 형성되었다. 현재 5대 거대 도시는 토쿄(2,680만 명), 상 파울로(1,640만 명), 뉴욕(1,630만 명), 멕시코시티(1,550만 명), 뭄바이(1,510만 명)이다. 유엔의 예측에 따르면, 800만 명 이상의 인구를 보유한 곳을 거대 도시로 정의할 때, 2015년에는 거대 도시가 33개로 늘어나며, 이 중 27개가 개발도상국에서 형성될 것이라고 한다.

17 역자 주 : 우크라이나 체르노빌에 있는 핵발전소에서 1986년 4월 발생한 폭발 사고로 인해 방사성 물질이 누출되어 광범위한 영역에 심각한 방사능 오염을 초래했던 사태

없는 것일 수 있다. 예를 들어, 멕시코시티에 인구와 자원이 집중되면 숨을 쉬기 어려울 정도로 공기가 변하고, 도시의 주된 수자원은 150킬로미터나 떨어진 곳에서 끌어오는 일이 벌어진다. 거대 도시들은 환경에 엄청난 부하를 일으키며, 개발도상국 사람들의 과다 이민 현상은 빈민가를 더 거대하게 만들고 사회적 소외를 부추긴다.

또한 우리는 취향과 선택이 시장에 의해 지시받는 것으로 보이는 '글로벌 소비자(global consumer)'의 출현을 목격한다. 서울, 리오, 뉴욕, 몬트리올 어느 곳을 방문하더라도 음악, 옷차림, 자동차, 패스트푸드 매장들이 점점 더 똑같아지고 있다. 많이 선전되고 있는 도시 생활의 다양성은 경제적인 면을 제외하고 모든 면에 걸쳐 나타나고 있는 글로벌 동조행동(global conformity)을 감추고 있을 뿐이다.

자원 기반 경제(resourcebased economy)에서 고용의 감퇴 현상은 이 지역의 인구가 더 큰 도시로 이주하게 되는 원인 중 하나이다. 그 결과 대도시 중심부는 기술전문가적이며 정치적인 지배력을 증대시킨다. 반면, 소규모 타운과 농촌 지역은 경제적이며 사회적인 면에서 모두 고갈된다. 중심부와 주변부의 격차, 대도시 지역과 외곽 지대의 격차가 확대되고 있다.

많은 사람들에게 이러한 경각심을 일깨워주는 것은 대도시 이외의 지역에서 전통 문화가 번창하게 되는 사례일 것이다. 도시 주민들은 시장에 의해 유도되는 글로벌 패턴에 따르기가 매우 쉽다. 철학자인 버나드 스티글러는 자신이 '문화의 과잉산업화'라고 부르는 것에 대해 반대자 역할을 해왔다. 스티글러는 사람들이 진정한 문화적 경험으로부터 배제되고 있다고 우려하며 이미지와 음향을 전자부호화하는 기술 능력으로 인해 지방의 문화 상품이 회사법인들의 글로벌 시장을 위해 재생산되고 있다고 경고했다.

농촌 지역과 소규모 읍내들은 전통 문화 상품과 이벤트를 창조하는 비옥한 기반이라는 점이 입증되었다. 이는 글로벌 상표로 알려진 것보다 훨씬 더 깊은 의미가 있는 정체성을 창출할 수 있을 것이다.

발전의 스펙트럼

발전의 다양성과 범위를 기준으로 세계의 사회들을 살펴볼 수 있다. 간단히 말하면, 한쪽 끝에는 자연 자원과 매우 가깝게 살고 있으며 우리 대부분이 당연시하고 있는 현대적 제도를 발전시켜 오지 않은 원주민 사회가 있다. 다른 쪽 끝에는 기술전문가적 원칙에 기반을 둔 후기 산업사회들이 있다. 기술전문가적 관점에서 '원시 사회'로 간주되고 있는 곳은 강우와 같은 자연 현상에 고도로 의존하며, 구성원들의 공식적 교육 수준은 낮은 경우가 많다.

다른 한쪽 끝을 보면, 후기 산업사회에서 개인과 자연 사이의 관계가 기술적이고 제도적인 구조를 통해 연결되고 있다. 그 구조는 여러 가지 중에서 일상적 필요를 충족시키기 위한 재화와 서비스를 정해진 방식대로 전달하도록 만들어진 것들이다.

앞의 것을 나는 '자연주의적(naturalistic)'이라고 하고, 뒤의 것을 '기술전문가적(technocratic)'이라고 부른다. 전자는 전통 문화, 혈족, 개인 간의 관계가 지배하고 있는 하나의 지리적인 공간에 뿌리를 두고 있다. "당신이 누군가?"라는 질문이 "당신은 무엇을 할 수 있습니까?"하는 질문보다 더 중요하다. 그러나 기술전문가적 사회는 하나의 공간이라기보다 세계를 상대로 다중적으로 연결되어 있으며 고도로 유동적이다. 이러한 사회에서는 기술적 능력과 인위적

제도에 대한 관계가 지배적이다. 당신이 무엇을 할 수 있는가의 문제가 당신이 누구인가의 문제보다 더 중요하다. 기술전문가적 사회는 커다란 대도시에서 발전하는 것이 보통이며, 그 대도시는 권력과 부의 중심이 된다. 자연주의적 사회는 흩어져 있는 경향이 있다. 분명히 두 종류의 사회 모두는 긍정적인 면과 부정적인 면을 갖고 있으며, 대부분의 사회는 이들 스펙트럼 내 어딘가에 놓여 있다.

그러나 세계의 대부분은 점점 더 기술전문가적인 영향력에 의해 지배되는 것으로 보인다. 지구상에서 규모가 작고 전통적인 사회들은 계속 진행되고 있는 삶의 집중화로 인해 고갈되고 약화되고 있다.

기술전문가적인 지구적 체계에서 사람들은 반대가 되는 다른 방식보다 오히려 현행 경제에 적응하도록 강요받는다. 특정 사회가 매우 다른 종류의 전통과 뿌리 깊은 가치를 보유하고 있다면, 그 사회는 이처럼 기술전문가적인 지구적 체계의 지배로부터 간단히 배제될 것이다. 어떤 면에서 세계 경제는 세계적인 운동경기와 같다. 한 사회의 구성원들이 규칙을 모르거나 받아들이기를 거부한다면 그들은 경기장 바깥으로 밀려날 것이다.

이에 대한 개인적인 사례로 바닷가재 사업을 개발하는 과정에서 한 명의 캐나다 원주민에게 자문을 하려고 했던 경험을 소개한다. 그 사람은 어획고가 높은 경험 많은 어부였다. 그 사람은 두둑한 이윤을 얻을 수 있을 만한 사람이었지만 실제로는 그렇지 않았다. 그 사람은 하루 어획량을 선박에서 도매상까지 운송하는 도중에 종종 우연히 만난 삼촌에게 바닷가재를 나누어 주기도 하고, 할머니 댁에 들러 일부를 주기도 하며, 또 친구가 아프다면 그 친구 집에 더 많이 나눠 준다. 이것은 그 사람이 살아가고 있는 연대와 나눔의 문화가 이윤 지향적인 게임의 규칙에 따라 활동하는 것을 억제해 준다.

이 사례는 우스꽝스러운 삽화 같지만 중요한 점을 보여준다. 단일한 세계 경제 게임은 더욱 발전하고 그 규칙에 따르지 않는 사람들은 주변화되어 고통을 겪게 될 것이다. 지구상에서 원주민들은 발전의 스펙트럼에서 한쪽 극단에 있고 가장 높은 벌금을 내고 있다. 과거에 정부 정책은 그들의 현대사회 적응을 지원하거나 촉진하는 것이었다. 그런데 그러한 정책은 실패했다.

일부는 원주민 사회가 세계 인구 중 규모가 작은 소수자(minority)에 불과하기 때문에 그들을 주목하는 것은 세계의 현실을 왜곡하는 것이라고 말할 수 있다. 그러나 나는 대부분의 사람들이 그렇게 극단적인 정도는 아닐지라도 똑같은 딜레마에 직면할 것이라고 믿는다. **전통, 개인적 관계, 물리적 공간과의 연결관계, 안정적이며 지속되어 온 지역사회 공동체와 관계를 유지하는 것은 대부분의 사람들이 살아가는 데 필수적이다. 대부분의 사람들이 소중하게 생각하는 그러한 가치는 현재 지배적인 위치를 차지하고 있는 기술전문가적 문화에서 살아남을 가능성이 매우 낮다.** 여기저기 옮겨 다니는 사람들에게 잘못은 없다. 우리는 이렇게 살았던 오랜 역사가 있다. 그러나 새로운 것은 이동의 정도이다. '정도(Degree)'는 생태적으로 중요한 낱말이다. 너무 많거나 너무 적은 것은 해로울 수 있다.

거주민의 대다수가 3~4세대 동안 같은 장소에서 살아 온 지역사회 공동체들은 대부분의 거주민들이 외지에서 태어난 사람들이 있는 곳과 비교할 때 큰 차이가 있다. 지역이라는 공간과 맺고 있는 관계는 역사와 문화에 대하여 개인이 느끼는 감각에 분명히 영향을 준다. 전형적인 신흥 거대 도시들은 대부분의 거주민들이 외지 태생이다. 많은 사람들에게 이것은 문제될 게 없다. 그러나 다른 사람들에게는 심각한 소외 문제가 된다.

생태론자들은 변화의 속도와 정도가 지속가능한 미래를 만들어 나가는 데 커다란 의미가 있다는 점을 알고 있다. 우리는 새로운 형태의 사회와 새로운 유형의 개인을 창조하는 변화를 조율할 때 조심스러운 마음을 가져야 한다. 글로벌 소비자 사회에서는 새로운 유형의 인간이 진화하고 있을지도 모른다. 특정 환경과 관계를 소홀히 하거나 자신의 정체성을 상표나 제품으로 포장하는 인간의 유형이 그러하다. 우리는 마케팅 캠페인에 휘둘려 살고 있는 이러한 형태의 새로운 인간 유형이 가져오는 사회적 결과에 대해 아무것도 모른 채 지내고 있다.

생태론의 관점에서 인구의 집중은 위험스러운 부작용을 갖는다. 이 부작용은 잘 알려져 있고 항목도 매우 많다. 인구 집중으로 초래되는 환경 훼손 이외에도 엄청난 사회적 비용이 발생하며 생태적인 차원의 문제 또한 크다. 노동계급 가정은 대도시 안에서 개인주택을 구입할 여력이 없는 경우가 많기 때문에 고층 아파트에 살아야 한다. 이는 자녀들을 양육하기 위하여 건강한 사회적 환경을 만들어주는 것을 더 어렵게 할 수 있다. 학교들은 점점 대형화되어 통제하기도 어렵다. 게다가 고도로 도시화된 지역은 서로가 서로를 모르는 익명성을 보인다. 많은 성인들은 그것을 선호하지만 거기에는 대가가 따른다. 소규모 읍 단위에서 작동하는 사회적 통제의 형식이 익명의 개인들이 사는 대도시에서는 작동하지 않고, 그 결과 예를 들면 범죄와 같은 커다란 위험이 일어난다.

인구의 집중 현상은 단기적인 경제적 효과를 가져온다. 그러나 환경뿐만 아니라 가정과 개인에 미치는 사회적 스트레스와 같은 장기적인 비용들은 정책 입안자들의 결정에서 고려되는 경우가 거의 없다.

유기적 패러다임 발전 이론

대부분의 경제학자들은 현실을 해석하기 위해 수학적 패러다임을 사용한다. "측정할 수 없다면, 관리할 수 있는 대상이 아니다"는 것이 세계의 거대한 경영 시스템을 운영하는 사람들의 기도주문(mantra)과도 같다. 프랑스 정부에서 정책과 기획 분야 업무를 담당했던 마리 엘리자베스 샤사뉴(Marie Elisabeth Chassagne) 박사는 그러한 수학적 패러다임이 경제를 기획하는 데 부적합하다고 주장한다. 그녀는 유기적 접근방법을 제안한다. 기계론적 패러다임에서는 하나의 프랑스 회사법인이 자동차가 운송될 수 있는 것과 똑같은 방법으로 난로공장을 파리에서 남아프리카까지 이전할 수 있다고 가정한다. 그러나 기획자들은 그 공장이 새로운 공간에서 잘 가동되지 않는 데 놀라게 된다. 그들의 실책은 바로 그들의 패러다임에서 비롯된 것이라고 샤사뉴 박사는 주장한다.

유기적 패러다임으로 전환하면 분석내용이 달라진다. 유기적 영역 내에서는 파리에서 무성하게 자라던 나무가 남아프리카에서 죽는 것은 당연하다는 것을 알게 된다. 수분, 온도, 토양 조건은 그 성장과 생존을 위해 없어서는 안 될 요소들이다. 공장과 경제 조직을 유기적으로 본다면 우리는 경제학자들이 '외생적'이라고 하는 것에 주목해야 한다. 우리는 지방의 사회적이고 정치적인 현실이 안정성과 지지요소를 충분히 제공하고 있는가를 판단하기 위해 그러한 외생적 현실에 주목하게 될 것이다. 유사하게 저개발 국가에 투하된 단일 산업체들도 취약해지는 경우가 보통이다. 서로 다른 종류의 공장들이 성장하고 발전하는 데에는 서로 다른 시간 구간이 적용되어야 하는 것도 사실이다.

경제학자들은 성장의 시간과 비율 또한 사업에 중요할 수 있다는 점을 잊는 경향이 있다. 유기적 패러다임은 자본의 관리 분야에서도 도움이 될 수 있다. 너무 많거나 너무 적은 양의 물은 식물을 죽일 수 있다. 유기체인 생물과 환경에 대한 판단이나 지식은 정확한 평가를 하는 데 필수적이다. 소련 붕괴 이후 거대한 양의 자본이 러시아에 투자되었다. 그 체제가 그 자본을 흡수할 수 없었고 실패 사례가 여러 형태로 그 문제를 드러내주었다는 것을 우리는 이제야 파악하고 있다. 너무 적은 자본이나 너무 많은 자본은 사업을 위태롭게 할 수 있다.

소규모 읍내와 농촌의 지역사회 공동체 입장에서 나온 나의 주장이 도시에 대한 반대론을 토대로 삼는 것은 아니다. 오히려 나의 관심은 조화와 균형이다. 사실 많은 도시들은 특히 오랜 핵심 지역을 중심으로 마을들이 모여있는 형태를 띠고 조직되어 있다. 규모가 작은 지역사회 공동체들이 거대 도시들을 위해 희생된다면 양쪽이 모두 고통을 겪게 될 것이다. 규모 그 자체는 앞에서 말한 것처럼 예상하지 못했던 문제를 일으킨다. 생태적으로 조화를 이룬 건강한 국가와 건강한 세계에는 작은 마을도 있고 거대 도시도 함께 있을 것이다.

고대 그리스 문화와 지혜가 어떻게 우리의 언어 생활에 그렇게 많이 살아 있는가를 보면 놀랄 만하다. '아키텍처(architecture: 건축술),' '에콜로지(ecology: 생태학, 에콜로지),' '에코노믹스(economics: 경제학, 오이코 노모스 oiko nomos)'라는 낱말이 모두 그리스어에서 파생되었으며, 수많은 저술가들은 원래 뜻을 되돌아보았을 때 얻을 수 있는 의미에 대해 지적했다. 그 낱말 중 '오이코스(oikos)' 또는 'eco'는 '살림살이(household)'를 가리키며, '생태학(ecology)'은 살림살이를 이해하는 것을 의미하고, '경제학(economics)'은 살림살이를 관리하는 것을 뜻한다. 생태학과 경제학의 관계는 두 낱말의 어원에서 서로 연결되어 있다.

  또 다른 그리스어 계통 낱말인 '건축술' 또한 이해하는 데 도움이 된다. '아크 (arch)'는 두 개의 벽을 이어주는 다리 또는 연결장치를 말한다. 건축가를 교량 건설자로 이해하거나 어떤 구조물의 서로 다른 부분들을 연결시켜주는 사람이라고 이해할 경우, 지구상의 가정에 있는 많은 방들을 연결할 수 있도록 도와줄 수 있는 건축가들을 우리가 엄청나게 필요로 하고 있다는 것이 분명해진다. 나의 희망은 이 책의 독자들이 우리 모두에게 영향을 미치고 있는 세계적 추세를 유념하면서 지방의 지역사회 공동체들이 다시 활성화할 수 있도록 운동에 참여하는 것이다.

부록 협동조합의 원칙들

국제협동조합연맹(ICA)

- 자발적이고 개방적인 조합원 제도
- 조합원에 의한 민주적인 통제(자본에 의한 통제가 아님)
- 조합원의 경제적 참여
- 자율과 독립
- 교육, 훈련, 정보 제공
- 협동조합 간 협동
- 지역사회 공동체에 대한 배려

일본노동자협동조합연합회[18]

- 시민을 위한 좋은 일자리 창출
- 모든 조합원에 의한 공동 경영
- 지역사회 공동체의 발전 도모
- 독립, 협동, 인간적일 것(인간의 성장)
- 전국적 연대 정신을 갖고 자율성 유지
- 협동조합과 비영리 부문 설립
- 국제적이고 인간적인 연대 진흥

몬드라곤

- 문호개방
- 민주적 조직
- 노동의 주권
- 자본의 수단적 성격
- 자기 경영
- 급여의 연대성
- 전사적 협동
- 사회 개혁
- 보편적 본성
- 교육

---

[18] 역자 주 : 일본어 원문과 약간 의미가 다르지만 저자의 표현대로 번역하였음

플런켓 재단(Flunkett Foundation)

- 지역사회 공동체 기업(community enterprise)은 지방 인구에게 지속가능한 일자리와 그에 관련한 훈련 기회를 창출하거나 상업적 서비스를 제공하는 것을 목적으로 하는 사업이다.
- 지역사회 공동체 기업은 이윤을 창출하여 재정 면에서 자립하는 것을 목적으로 하며, 이윤은 자신의 기업들에 대한 투자, 근로자들에 대한 제한된 상여금 지급, 지역사회 공동체의 편익을 위해서만 사용한다.
- 조합원 자격 또는 지역사회 공동체 기업의 주식 보유는 민주적인 1인 1표 원칙에 따라 조직된다.
- 지역사회 공동체 기업은 회사 또는 사회적으로 용인된다고 인정되는 어떤 모델이나 기타 법률 구조를 이용한 협동조합(cooperative society) 중 하나로 등기되어야 한다.
- 지역사회 공동체 기업의 자산은 지역사회 공동체를 대신하여 이사들에 의해 소유되고 신탁형태로 보유됨으로써 그 자산이 개인 자격의 조합원이나 이사들에게 이익을 주기 위해 처분되지 않도록 한다.
- 지역사회 공동체 기업의 조합원 자격은 편익의 범위에 대해 합의한 지역 내부 모든 자연인에게 개방되어야 한다. 어떤 조건에서는 '이익 공동체(community of interest)' 또는 '필요 공동체(community of need)'가 설립될 수 있다.
- 지역사회 공동체 기업은 임금의 수준, 지급기간, 조건, 동등한 기회, 피고용자 경영참여 측면에서 선의의 고용자여야 할 의무를 갖는다.
- 지역사회 공동체 기업은 지방의 지역사회 공동체에 미치는 영향에 대하여 연례 평가 및 보고 의무를 갖는다.

추천 도서

Berle, Adolfe A. and Means, Gardiner C. 1932 [1967]. *The Modern Corporation and Private Property.* New York: MacMillan.

Craig, John G. 1993. *The Nature of Cooperation.* Montreal: Black Rose Books.

Davis, John P. 1905. *Corporations: A Study of the Origin and Development of Great Business Combinations and their Relation to the Authority of the State, Volumes I and II.* New York: Burt Franklin.

Dobbin, Murray. 1998. *The Myth of the Good Corporate Citizen: Democracy under the rule of big business.* Toronto: Stoddard.

Drucker, Peter. 1993. *Post Capitalist Society.* New York: Harper Business.

Friedman, Milton. 1980. *Free to Choose.* New York: Harcourt Brace.

Gower, L.C.B. 1969. *The Principles of Modern Company Law.* London: Stevens and Sons.

Korten, David C. 2001. *When Corporations Rule the World [2nd edition].* West Hartford, Connecticut: Kumarian Press.

Habermas, Jurgen. 1985. *The Theory of Communicative Action.* Beacon Press

Helliwell, John. 2001. *Guest Editor, Special Issue on Social Capital. ISUMA: Canadian Journal of Policy Research (Spring) (www.isuma.net/v02n01/index_e.shtml).*

Laidlaw, Alex. 1971. *The Man from Margaree: Moses Coady.* Toronto: McClelland Stewart.

MacIntyre, Gertrude. 1998. *Perspectives on Communities: A Community Economic Roundtable*: CBU Press.

MacLeod, Greg. 1985. *New Age Business.* Ottawa: Canadian Council on Social Development.

MacLeod, Greg. 1997. *From Mondragon to America.* Sydney, Nova Scotia: University College of Cape Breton Press.

Melnyk, George. 1985. *The Search for Community: From Utopia to a Cooperative Society.* Montreal: Black Rose Books.

Piore, Michael, and Sabel, Charles. 1984. *The Second Industrial Divide: Possibilities for Prosperity.* New York: Basic Books.

Putnam, Robert D. 2000. *Bowling Alone: The Collapse and Revival of American Community.* New York: Simon and Schuster.

Quarter, Jack. 1993. *Canada's Social Economy.* Toronto: Lorimer.

Quarter, Jack. 2000. *Beyond the Bottom Line: Socially Innovative Business Owners.* Westport, Connecticut: Quorum Books.

Reich, Robert B. 1992. *The Work of Nations.* New York: Vintage Books

Scott, Mark C. 2000. *Re-inspiring the Corporation: The seven seminal paths to corporate greatness.* New York: John Wiley and Sons.

Sen, Amartya. 1999. "Democracy as a Universal Value." *Journal of Democracy* 10 (3): 3-17. (http://muse.jhu.edu/demo/jod/10.3sen.html)

Soros, George. 1997. "The Capitalist Threat." *Atlantic Monthly* 297 (2): 45-58. (www.theatlantic.com/issues/97feb/capital/capital.html)

Stiegler, Bernard. 1999. "Mass Culture." *Le Monde Diplomatique,* Supplement sur l'Avenir 2000-2009. December.

Stiglitz, Joseph. 2001. "Thanks for Nothing." *The Atlantic Monthly* (3): 36-40. (www.theatlantic.com/issues/2001/10/stiglitz.html)

Thurow, Lester. 1996. *The Future of Capitalism: How today's economic forces shape tomorrow's world.* New York: W. Morrow and Company.

Went, Robert. 2000. *Globalization: Neo-liberal Challenge, Radical Response (Translated by Peter Drucker).* London: Pluto Press.

Also see: www.mondragon.mcc.es & www.ced.ca

옮긴이의 말

이 책은 캐나다 노바스코샤주 시드니시 소재 케이프브레턴대학교의 명예 교수인 그레그 맥레오드 신부가 2009년에 저술하여 2010년에 발간한 원저 《How to Start A Community Enterprise》를 번역한 것이다. 저자인 맥레오드 교수는 안티고니시 운동의 제창자였던 톰킨스 신부를 기념하기 위해 케이프브레턴대학교 내에 설립한 톰킨스연구소의 소장으로 재직하고 있다. 맥레오드 교수는 자신을 가톨릭 신부(1961년 5월 27일 사제 서품), 철학자(벨기에 루뱅 대학 철학박사, 자비에르 대학 등 재직), 사회활동가, 사회적기업인으로 소개한다.

이 책은 맥레오드 교수의 일관된 경력에서 엿볼 수 있듯이 1970년대부터 현재까지 40년 넘게 현장에서 직접 도전해보고 깨달은 내용을 압축 정리한 '자전적 지침서'라고 할 수 있다. 안티고니시 지방과 케이프브레턴은 지역개발운동의 우수 사례로 세계에 널리 알려져 있지만, 지도를 검색해보면 북미 대륙의 북동쪽에 자리잡은 조그만 규모의 바닷가 도시와 섬 지역에 불과하다. 저자는 이곳에서 40년 동안 지역사회 공동체를 활성화하기 위한 사업체들을 만드는 데 헌신했고, 이제 이 책을 통해 자신이 실천하며 터득했던 방법을 공개한다. 그에 따르면, 지역사회 공동체를 활성화하기 위한 사업체는 7단계를 통해 설립한다. 그리고 이들 사업체가 성공하기 위해서는 5가지 인프라가 필요하며, 그 인프라를 역동적으로 결합할 수 있는 지도력이 필요하다고 강조한다. 물론, 그는 그러한 인프라가 없다면 그 기반을 조성하는 일 자체를 지역사회 공동체의 사업체들이 사업으로 발전시켜서 지역 기반도 조성하고 지역사회도 활성화하라고 암시한다.

이 책을 번역하는 과정에서 새롭게 생각할 기회를 주었던 대목을 소개하면 다음과 같다.

첫째, 소규모 모임부터 만들어서 토론하라는 내용이다. 우리는 대개 많은 사람이 모여야 협동의 효과가 발휘될 수 있다고 생각한다. 그러나 저자는 많은 사람들을 모으려 하기보다 3~4명의 친구로 소모임부터 만들어서 토론하는 것이 사업의 진정한 출발점이라고 강조한다. 아무리 커다란 성과를 지향하더라도 작지만 진정한 출발점부터 거치라는 뜻으로 받아들일 수 있다.

둘째, 지역사회 공동체의 사업체는 성장을 윤리적 의무로 생각해야 한다는 내용이다. 우리는 협동조합 등 사회적 경제 영역의 사업체들은 성장을 지향해서는 안된다는 생각을 흔히 갖는다. 그러나 저자는 지역사회에 실업자가 있는 한 지역사회 공동체의 사업체는 일자리를 만들어 내기 위해 오히려 투자에 앞장서고 성장을 지향해야 하며, 이를 윤리적 의무로 생각해야 한다고 강조한다. 논쟁의 대상이 되어야 하는 것은 성장 자체가 아니며 성장의 목표를 영리에 두고 있는가 아니면 일자리 창출과 같은 가치에 두고 있는가가 중요하다고 강조한 것은 매우 인상 깊었다.

셋째, 사업과 조직 중 무엇부터 먼저 결정하는 것이 좋은가에 관한 내용이다. 저자는 자신의 경험을 토대로 단호하게 사업부터 결정하고 조직 구조를 결정하라고 권한다. 그렇게 해야 하는 이유 중 하나로 사업이란 당장 필요한 것,

할 수 있는 것부터 해야 참여를 이끌어내기 쉽다고 설명한다. 그리고 조직 구조를 미리 정할 경우, 시간이 흘러 새로운 필요가 나타나고 경제 환경이 변했을 때, 새로운 사업을 하지 못할 수 있다고 경고한다. 그의 해법은 사업 내용을 정하고 그 사업이 성공할 수 있는 조직 구조, 즉 법인 형태를 나중에 결정하라는 것이다. 조직 형태에 관한 논쟁이 길어져서 참여와 연대의 폭을 결정하지 못하고, 사업도 시작하지 못하는 경우들이 있다. 저자의 해법에 따르면, 사업 내용을 정하고 참여와 연대를 이끌어낼 수 있도록 조직 구조를 최대한 융통성 있는 법인 형태로 결정하는 것이 바람직하다는 시사점을 얻을 수 있다.

그밖에도 저자는 지역사회의 인프라 가운데 재정 기반을 마련하는 방법, 지역개발협동조합(regional development cooperative) 형태로 지역사회 공동체 사업 목적 협동조합을 설립할 수 있는 방법, 신규 사업체를 설립하려고 애쓰기보다 지역사회에서 파산한 사업체를 분석하여 그중 내부적인 요인 때문에 파산한 업체를 인수하는 것이 더 효율적이라는 견해 등 자신이 현장에서 터득한 실용적인 비법을 여러 곳에서 전수해 준다.

이 책을 처음 접하게 된 때는 맥레오드 교수의 1997년 저작인 《From Mondragon to America》(《협동조합으로 지역개발하라》는 제목으로 발간)의 번역을 마무리하던 때였다. 저자가 짧게 이메일을 보냈다. "아마 당신이라면 이 책자에 더 흥미가 있을 거야." 정말로 이 책은 나에게 순간순간 짧고 굵은 메시지를 던졌다. 함께 나눠보고 싶은 사람에게 이 책을 소개했는데, 그분의 의견도 같았다. 번역을 해 두면 어떻겠느냐는 제안까지 할 정도였다.

그러던 차에 2012년도 '세계협동조합의 날' 행사장을 둘러보다가 한살림연합 오세영 팀장을 만나 이 책 이야기를 나눴다. 얼마 후 그에게 전화가 왔다. 한살림에서 협동조합에 대해 공부를 하는 작은 모임이 있는데 마침 《협동조합으로 지역개발하라》를 읽고 토론하기로 했다며, 그 자리에서 이 책에 대한 이야기도 함께 나눠 보자고 제안했다. 그래서 8월 14일 공부 모임에 참석하여 맥레오드 교수의 《협동조합으로 지역개발하라》에 대해 토론을 했고, 이어서 이 책을 간단히 소개할 수 있었다.

그 자리에서 협동조합에 관심을 가지고 현장에서 직접 만들어보고자 하는 사람들에게 구체적으로 도움을 줄 수 있는 실용적인 안내서가 필요하다는 데 공감하였고, 이 책이 그러한 역할을 할 수 있는지에 대해 내용적으로 검토해보자는 이야기가 나왔다. 9월 2일에 공부 모임 참석자들에게 번역 초고를 보낸 후 9월 11일 저녁 공부 모임에서 다시 만났다. 이 자리에서 함께 내용을 평가했고 이날 함께한 모심과살림연구소 주요섭 소장과 정규호 실장이 연구소의 기획 번역서 중 하나로 출판을 제안했고 받아들여졌다. 마침 맥레오드 교수가 전라북도에서 개최하는 국제컨퍼런스에 참석차 10월 초에 한국에 오니 그때에 맞춰 책을 출간해서 토론 자리를 겸한 맥레오드 교수 초청 출판 기념회를 마련해보자는 데 의견이 모아졌다. 그러다 보니 출간 일정도 앞당겨졌다. 이처럼 일련의 과정을 일부러 소상히 적는 이유는 책을 선택하고 번역, 교정, 출간에 이르기까지 일련의 작업들이 참여와 토론의 과정을 통해 이루어졌다는 점을 강조하기 위해서다. 이 책이 담고 있는 협동조합도 결국 각자 서로의 마음과 뜻을 담아내는 과정에서 비롯되는 것이다.

　책의 내용과 관련해 함께 나누었던 이야기 가운데 공통점은 '역시 쉽지 않다'는 것이었는데, 그럼에도 군데군데 깜짝깜짝 놀라게 하는 대목들을 발견할 수 있었다. 나는 이 책의 의의를 바로 이 점에서 찾고자 한다. 저자는 지역사회 공동체에서 사업체를 설립하려면 우정을 나눌 수 있으며 지역사회 공동체에 헌신하겠다는 비슷한 생각을 가진 동료를 먼저 찾는 것이 중요하다고 말한다. 그 동료를 찾은 다음에는 정말로 생각이 비슷한지 토론하고, 토론하고, 또 토론하라고 권한다. 나는 이 책이 바로 그러한 토론의 교재로 쓰일 수 있다고 생각한다. 경제력과 권력이 없는 사람들에게 상상력은 매우 중요한 생활수단이다. 이 책은 상상력을 돋우는 중요한 토론 자료가 될 수 있을 것이다.

　이 책은 저자의 입장처럼 미리 조직 형태를 협동조합으로 정해 놓지 않았다. 오히려 지역사회 공동체의 발전에 관심을 가진 사람들이 어떻게 사업을 준비해야 하는가에 초점을 두고 있다. 해서 1997년 저자의 저작이 《협동조합으로 지역개발하라》로 출판된 점을 고려하여, 논의 끝에 이 책의 제목을 《지역을 살리는 협동조합 만들기 7단계》로 정했다. 끝으로 이 책의 교정과 윤문 작업에 애써주신 우미숙 한살림성남용인 이사장과 공부모임 사람들, 한살림과 모심과 살림연구소의 활동에 대해 잘 소개해 준 윤형근 한살림성남용인 상무이사, 한살림에 들를 때마다 격려해주신 조완형 한살림연합 전무이사, 그밖에 일일이 호명하지 못하지만 출판 과정에서 애쓰신 분들께 다시 한 번 감사드린다.

2012년 9월 17일 밤

옮긴이

지역을 살리는 협동조합 만들기 7단계

1판 1쇄 펴낸 날 2012년 10월 4일
　　5쇄 펴낸 날 2023년 3월 28일
지은이 그레그 맥레오드
옮긴이 ·이인우
기　획　모심과살림연구소

펴낸곳　도서출판 한살림
펴낸이　곽현용
편　집　장순철
디자인　이규중(그린다)

출판신고　2008년 5월 2일 제2020-000075호
주　소　(우 06086) 서울시 강남구 봉은사로81길 15
전　화　02-6931-3612
팩　스　0505-055-1986
누리집　blog.naver.com/salim_story

ⓒ 도서출판 한살림, 2023

ISBN 978-89-964602-1-3　03300

＊이 책 내용의 일부 또는 전부를 재사용하려면
　반드시 저작권자와 도서출판 한살림 양측의 동의를 받아야 합니다.
＊이 책은 재생종이로 만들었습니다.
＊잘못된 책은 구입하신 곳에서 바꾸어 드립니다.
＊책값은 뒤표지에 있습니다.